JN409375

시작과 끝의 의미

신규 수필집

시작과 끝의 의미

인쇄 2015년 12월 10일
발행 2015년 12월 22일

지은이 신규
발행인 서정환
펴낸곳 수필과비평사
주소 서울시 종로구 삼일대로 32길 36(익선동 30-6 운현신화타워 빌딩) 305호
전화 (02) 3675-3885, (063) 275-4000 · 0484
팩스 (063) 274-3131
이메일 sina321@hanmail.net essay321@hanmail.net
출판등록 제300-2013-133호
인쇄 · 제본 신아출판사

ISBN 979-11-5933-008-7 03810
값 13,000원

이 도서의 국립중앙도서관 출판시도서목록(CIP)은 서지정보유통지원시스템 홈페이지(http://seoji.nl.go.kr)와 국가자료공동목록시스템(http://www.nl.go.kr/kolisnet)에서 이용하실 수 있습니다.(CIP제어번호: CIP2015034300)

Printed in KOREA

이 책은 충북문화재단 기금을 지원받아 발간하였습니다.

시작과 끝의 의미

신규 수필집

수필과비평사

책머리에

지나온 일들을 뒤돌아본다는 것은 다시 돌아갈 수 없는 것에 대한 미련이라기보다 '옛것을 새겨 새로움을 찾으려는 마음'이 더 간절했음이다.

교단을 떠난 지 십 년째 접어든다. 그간 경험했던 것들을 진솔한 마음으로 되새기며, 생각과 느낌들을 정리하였다. 마음 편한 사연보다 아쉽고 미흡했던 것들이 더 간절히 가슴에 와 닿는다.

그러나 그것은 아직 미완의 여정에서 쉬어가며 나누는 뒷이야기일 수도 있고, 생존을 위한 몸부림이었을 수도 있지만, 그것들대로 아름다운 추억이자 내 삶의 그림자였다.

이런저런 핑계로 미처 챙기지 못했던 사연들을 짚어보며, 때로는 넋두리같이, 어느 때는 잊은 지 오래된 친구에게 보내는 편지처럼 원고지를 한장 한장 메워 나갔다.

밝은 내일과 인연들을 생각하며, 한편으로는 두려운 마음으로 이 글을 세상에 내놓는다. 책이 나오기까지 수고해 주신 여러분께 감사드린다.

2015년 12월

신규

목차

II

낙숫물 소리

III

가을 산의 미소

시작과 끝의 의미

I
아침 산책길

풀대

산세비에리아 화분을 선물로 받았다. 거의 두어 자나 됨직한 높이의 타원형 감색 화분도 화분이지만, 탁한 공기를 정화시켜 준다는 것만으로도 산뜻한 기분이 든다. 두툼한 잎 가운데로 얼룩 무늬가 물결처럼 가로지르고, 그 가장자리를 감싸듯 노란 테두리가 끝으로 모아지면서 마무리된 모습이 수문장의 창끝처럼 야무지다. 취미 삼아 틈나는 대로 정성껏 가꾸었다.

한 해 겨울이 지나고 거실에 봄이 찾아들면서 화분에 이상한 현상이 나타나기 시작했다. 밖에서 봄을 기다리던 나무들은 메마른 가지를 푸른 잎으로 장식한 지 이미 오래인데, 산세비에리아는 생기를 잃어가고 있었다. 겨우내 아파트의 밀폐된 구석에서 햇볕을 제대로 받지 못한 것이 원인일 거라는 진단을 내리고 기다렸지만, 날이 갈수록 회생의 기미가 보이지 않았다.

분갈이를 해주기로 했다. 시들한 화초를 조심스럽게 들어내고 화분을 엎어 흙을 쏟아 부었다. 그런데 웬일인가. 화분 윗부분은 질 좋은 흙으로 채워졌는데, 중간 부분부터는 이상한 잡동사니들이 흙과 섞여 있었다. 자세히 살펴보니 스티로폼 조각과 화분을 조성하다 남은 부속물들이었다. 실내 공기를 정화시켜준다는 화분에 너절한 잡물들을 채워 넣었다니 황당하기 그지없었다. 언짢은 마음이 들었지만, 화분 아랫부분의 공간 처리를 하다 보니 아마 그렇게 되었을 것이라 편히 생각하고 하던 일을 계속했다.

화분에서 나온 이물질들을 골라내고 흙만 한쪽으로 모아 놓았다. 아래쪽 빈 공간은 주방에서 사용하던 플라스틱 용기로 처리하고, 부족한 흙은 밖에 나가 정원에서 몇 삽 가져다가 보충했다. 전문가의 조언대로 시들어버린 것 중에서 그런대로 상태가 좋은 것 두어 촉을 골라 화분에 옮겨 심었다.

분갈이를 한 산세비에리아는 환경이 잘 맞았는지 하루하루

생기를 되찾기 시작했다. 산세비에리아가 다시 활기를 찾고 제구실을 할 즈음, 화분 가장자리에서 파란 새싹이 돋아났다, 화분에 흙을 보충하면서 묻어온 풀 씨앗이 싹을 틔운 것이다. 싱그럽게 돋아나는 새싹을 뽑아내기가 딱해서 내버려두었더니 새싹은 날이 갈수록 무럭무럭 자랐다. 산세비에리아보다 이름도 모르는 풀싹에 관심이 더 갔다.

산세비에리아는 원래 열대 지방 식물이라 건조한 곳에서도 잘 견디지만 풀싹은 경우가 달랐다. 풀싹에 관심을 기울여 화분이 건조하지 않게 수분을 조절해 주며 지켜보았다. 며칠 뜸했다가 살펴보면 산세비에리아는 그대로인데 풀싹만 성큼 자라 있었다. 햇볕이 직접 닿지 않아서인지 키에 비해 가늘게 자란 줄기가 창문을 열면 실바람에도 손짓을 했다. 마치 화분의 변방 높은 위치에서 깃발을 휘날리며 산세비에리아를 지켜보고 있는 듯했다. 이제는 산세비에리아 화분이라기보다 이름 모를 풀대 화분 같았다. 그래도 산세비에리아는 아랑곳하지 않고 묵묵히 제자리를 지키며 잘 자라고 있었다.

무더위가 가시고 아침저녁으로 서늘한 기운이 들 무렵, 친구들과 부부 동반으로 십여 일 여행길에 나서게 되었다. 몇 주간 집을 비운다 하더라도 평소 살림살이가 단출해서 챙겨놓고 갈

것은 별로 없지만, 여기저기 벌여 놓은 화분 중에 산세비에리아 화분이 가장 마음에 걸렸다. 생각 끝에 화분을 베란다 안쪽으로 옮기고 커튼을 내려 직사광선이 들지 않도록 했다. 물을 흠뻑 주고 공기가 잘 통하도록 조치를 취하고 여행길에 나섰다.

여행을 마치고 집에 돌아왔을 때, 늦게 찾아온 더위 때문인지 집 안에 열기가 가득했다. 불길한 예감에 화분을 모아 놓았던 곳으로 직행했다. 다른 화분들은 이상이 없었다. 그러나 산세비에리아 화분에서 변고가 나고 말았다. 근근이 생명을 유지하다가 겨우 자리를 잡아가던 산세비에리아는 처음보다 더 확실하게 자리를 잡았는데, 위세 당당하던 키 큰 풀대는 힘을 못 쓰고 기가 꺾여 있었다.

산세비에리아가 위기를 맞아 인내와 끈기로 버티고 있을 때 옆에 서 있던 풀대는 고난을 이기지 못하고 주저앉아 버리고 말았다. 제 능력도 생각하지 않고 높은 곳만 바라보며, 성급하게 웃자라던 풀대는 결국 열기와 목마름에 견디지 못하고 처참하게 꺾이고 만 것이다. 그러나 산세비에리아를 살리겠다는 내 욕심만으로 자연에서 잘 자라고 있을 풀대 씨앗을 옮겨 놓은 것이 화근이 아니었나 하는 생각이 들었다.

조심스럽게 화분에 물을 준다. 물뿌리개에 가득했던 물이 갈라진 흙 틈으로 순식간에 스며들어 버린다. 오늘 이 불상사의 원인이 풀대의 성급함 때문인지 아니면 내 무지와 경솔함 탓인지는 차후 문제다. 오직 풀대가 하루빨리 회생하기를 바랄 뿐이다.

상당산성의 봄

봄기운이 온 누리에 가득하다. 산성 앞 잔디밭에는 꽃샘추위도 아랑곳없이 꼬마 녀석들이 신나게 뛰놀고 있다. 성루에 장수기가 펄럭이고 창검을 겨눈 장졸들이 서슬 푸르게 지키고 있던 옛적의 산성을 상상해 보지만, 봄날의 산성은 평화롭기만하다. 집 가까이에 역사의 숨결을 느낄 수 있는 문화공간이 있어 자주 찾는 곳이기도 하다.

상당산성上黨山城은 다른 성곽들과 축성 형식이 조금 다르다. 일본의 성곽들처럼 하늘을 찌를 듯이 높이 솟아 있는 본성도 없고, 이를 보호하기 위해서 성 밖에 쌓은 옹성이나 해자도 없다. 산세를 이용해서 마을을 감싸듯 자연스럽게 성을 쌓았기에 친근감이 느껴진다.

성의 정문 격인 공남문에 들어선다. 윗부분이 반쯤 둥근 홍예문 형태의 입구와 장중하게 서 있는 대문에 그려진 그림이 이색적이다. 둥글넓적한 얼굴에 비해 볼품없이 빈약한 뿔, 대칭으로 솟아난 송곳니, 주먹코에 어설프게 불을 튀기는 형상의 방울눈, 모두 익살스럽고 우스꽝스럽다. 적군을 물리치고 승리를 다짐하기 위해서 그려놓은 귀면이 분명한데, 공포감보다는 오히려 따뜻한 정이 느껴지는 것은 비전문가인 나만의 어설픈 감정일까.

성루로 올라간다. 멀리 것대산 쪽으로 봉수대가 보인다. 그 너머로 아스라이 펼쳐진 산등성이를 따라 남쪽으로 내려가면 국토의 최남단, 남해 바다에 이른다. 그곳에서 올린 봉홧불은 숨 가쁘게 산을 넘고 강을 건너 저기 것대산 봉수대에 다다랐을 것이다.

공남문을 나서, 서쪽 방향으로 성가퀴를 따라간다. 성가퀴는 적의 공격을 피하면서 공격할 수 있게 성 위에 낮게 쌓은 담이다. 능선을 따라 막바지에 이르면 성벽 밖으로 튀어나온 치성이 있다. 성벽에 붙어 기어오르는 적을 공격할 수 있게 만든 것이란다.

치성을 지나 왼쪽으로 돌아 내려가면 무장한 장졸 한 사람이 겨우 드나들 만한 돌문이 있다. 은밀한 곳에 만들어 두었다가 필요할 때에 비상구로 사용하였던 암문暗門이다. 사람은 원칙대로 정직하게 살아야 하는 것이 도리지만, 살다 보면 어찌 원칙만 고수할 수 있겠는가. 암문은 어두운 문이니 밝기의 정도를 말하는 어둡다는 뜻도 있지만, 여기서는 내밀함의 뜻이 더 적합할 것 같다. 이곳 내밀한 곳에는 사랑도 있었을 것이고, 밀사도 오갔을 것이다. 때로는 전쟁의 승패를 좌우하는 불꽃 튀는 지모의 대결도 이 암문을 통해서 이루어졌을 것이다. 그러나 그곳에는 원칙보다 더 값어치 있는 '사람 사는 이야기'가 있었을 것만 같다.

암문을 통해서 성 밖으로 나오면 제법 큰 나무가 한 그루 있고, 그 아래에 야외 의자처럼 조그만 바위 몇 개가 있다. 이곳을 지나 숲 속으로 난 길을 따라가면 것대산 봉수대에 이른다.

암문으로 다시 들어와 능선 위로 올라간다. 바람이 차갑다. 바람을 피해 숲 속으로 들어선다. 미호문 쪽으로 갈수록 바람이 더 매섭고 차다. 우수 경칩이 지난 지 한참인데, 며칠 전 내린 눈발이 산하를 움츠려들게 한다. 미호문 문루 안에서 잠시 한기를 녹인다. 청주 시가지가 왼쪽으로 멀리 보이고, 오른쪽으로 개발의 흔적들이 점점이 박혀 있는 오창 · 증평 들녘이

가물거린다. 지금은 옛 모습을 상상하기 힘들지만 성을 쌓을 당시, 이곳에서 살펴본 지세가 호랑이 같다고 해서 호랑이를 막아 낸다는 의미로 미호弭虎라고 했단다.

미호문을 나와 소나무 숲길을 걷다가 걸음을 멈춘다. 한쪽으로 양지바른 언덕과 아직 눈에 덮인 북풍받이 비탈이 맞닿아 경계를 이루고, 경계를 따라 녹아 흐르는 물이 햇볕에 반사되어 금실을 늘어트려 놓은 듯 아름답다. 마치 음과 양이 만나 새로운 기를 창출해 내는 현장 같다.

계곡을 지나 등성이로 올라선다. 눈밭을 스쳐 온 바람은 매섭기만 하다. 성벽 북쪽에 남아 있는 옛 우물터를 지나 오른쪽으로 조금 올라가면 상당산 정상이다. 산성을 여러 차례 오르내리면서도 외진 곳에 있어서 지나치기 일쑤였다. 봉곳이 솟아 오른 정상에서 북벽을 내려다본다. 미호문에서 시작한 험한 지형은 북벽을 지나 동장대까지 이어진다. 인위적으로 쌓아 올린 성벽보다 더 완벽하게 자연이 만들어 낸 요새다.

1000여 년 전, 견훤이 이곳을 지배하고 있을 때, 왕건이 쳐들어왔다. 견훤은 지형적으로 완벽한 북쪽 요새의 견고함을 믿고 병사들을 주로 남쪽에 배치했었다. 이러한 사실을 알아챈 왕건은 성동격서聲東擊西 전략으로 남쪽을 공격할 것처럼 허세를 부리다가 북벽을 공격하여 단숨에 승리를 거두었다. 기록에 의하면 산성의 계곡마다 양쪽 병사들의 시체로 혈천을 이루었다고 하였으니 그 비참함이 오죽했겠는가.

정상에서 내려온다. 조금 전까지만 해도 매섭던 바람이 양지쪽 언덕배기를 넘어온 남풍으로 갑자기 부드러워졌다. 진동문 쪽으로 접어든다. 한남금북정맥이란 표지판에서 아래로 내려다보면 암문이 또 하나 있다. 동쪽에 있다고 해서 동암문이다. 암문 안으로 들어가 본다. 크기나 형태가 남암문과 똑같다. 문설주에는 축성 당시 새겨놓은 시공자들의 직위와 이름이 아직까지 희미하게나마 남아 있다. 이인좌가 난을 일으켰을 때 성문을 열어준 사람으로 기록된 양덕부의 이름도 있다지만 확인할 수 없었다.

훈훈한 바람을 가슴에 가득 담으며, 진동문을 지나 동장대에 이른다. 동장대는 평상시 충청병영에 있던 병마절도사가 유사시에 이곳으로 옮겨와 군령을 지휘하던 곳이다. 동장대 건물 중앙에 보화정輔和亭이란 현판이 걸려있다. '보輔'자에 이어 '화和'자에서 시선이 멈추었다. 전쟁을 독려하고 전의를 다지는 이곳에 왜 하필이면 '화'를 강조하고 있을까. 설명문에는 "천시는 지리만 못하고, 지리는 인화만 못하다天時不如地利 地利不如人和."는 맹

자서의 내용을 인용하여 보화정의 이름을 지었다고 했다. 좁은 뜻으로는 백성과 관리와 병사들이 마음을 한데 모아 전쟁에서 이기는 것이며, 넓은 의미로는 나라를 지켜 태평성세를 이루려는 염원이었을 것이다.

옛날 청주 사람들은 삼국의 접경지에서 많은 수난을 겪었지만, 그때마다 좌절하지 않고 자신의 본질을 지키며 화합을 이루어 왔다. 본질을 잃지 않으면서도 모든 것을 화합시켜 새로운 역사를 만들어 내는 힘, 이것이 곧 화이부동和而不同의 정신이며 오늘날까지 변하지 않고 이어져 내려오는 삶의 지혜가 아닐까.

산성 마을로 내려와 연못 둘레를 따라 걷는다. 무엇인가 두고 온 것 같은 허전한 마음에 공남문 문루에 다시 올라선다. 잔설이 희끗거리는 성곽 주변에서는 봄의 향연이 한창이다. 천진난만하게 뛰노는 아이들 웃음소리, 산책객들의 가벼운 발걸음 소리, 움츠렸던 가지에서 새싹들이 기지개 켜는 소리, 멀고 가까이서 들리는 봄의 소리, 소리…….

이 모두가 음색은 다르지만 한데 어우러져 울려 퍼지는 '화이부동'의 교향곡인 듯하다.

바그마티 강변에서

파슈파티나트 사원으로 가는 길은 흙먼지로 자욱하다. 잿빛 하늘에 높이 치솟은 히말라야의 설산들, 산허리를 뒤덮은 뿌연 안개구름, 길옆으로 즐비한 기념품 가게와 가게 주인들이 호객하며 불어대는 장난감 악기의 멜로디까지, 모두가 낯설고 무거워 긴장감마저 든다.

사진 작품 소재를 찾아 떠난 히말라야의 쿰부히말 트래킹, 전문 산악인이 아닌 나로서 너무도 벅찬 여정이었지만, 무사히 끝내고 보니 진한 감동이 따르는 모험의 대장정으로 오래 기억에 남을 듯하다.

히말라야의 연봉들이 한눈에 조망되는 푼 힐에서 맞이한 일출의 감격을 생각하면 지금도 가슴이 설렌다. 마차프차르 쪽에서 솟아오르는 햇살은 안나푸르나와 다울라기리, 투크체로 이어지는 봉우리에 반사되어 붉게 물들면서 장관을 연출했다. 끝없이 이어지는 설산과 청초한 하늘 빛, 산처럼 순박한 사람들의 삶의 모습, 계곡 사이에 아슬아슬하게 걸쳐 있는 출렁다리, 짐을 가득 싣고 수십 마리씩 떼 지어 가는 나귀들의 모습, 모두가 새롭고 신기한 장면들을 카메라에 담느라 나는 대열에서 낙오되기 일쑤였다.

16일간의 트래킹을 마무리하면서 이곳 강변을 찾은 것은 그동안 겪었던 네팔 사람들의 소박한 삶의 모습, 그중에도 장작더미 위에서 시신을 태우는 장례 문화에 관심이 끌렸기 때문이다. 사람들은 연륜이 더해지면서 인생의 유한함과 사후 세계에 대하여 한 번쯤 관심을 가지게 마련이다. '나는 어디서 와서 어디로 가는 것인가? 육신을 떠난 영혼은 어떻게 되는 것일까?'라는 가장 흔하면서도 영원한 문제를 생각하며 가던 길을 재촉했다.

경사진 길을 따라 한 굽이를 돌아서자 이곳 사람들이 가장 성스럽게 여긴다는 바그마티 강이 나타났다. 강기슭 여기저기에서 연기가 피어오른다. 단백질을 태우는 느끼한 냄새가 바람에 실려 왔다. 낯선 풍경에 시선을 떼지 못하고 관광객들 틈에 섞여 계단을 올라갔다. 좁은 길 양쪽으로 도열한 크고 작은 탑 주변에는 순례자들이 남기고 간 흔적들이 어지럽게 널려 있다. 전망대 비슷한 언덕배기에 올라섰다. 멀리 카트만두 시내가 아스라하다.

건너편에 시바 신을 모시는 파슈파티나트 사원이 모습을 드러냈다. 시바 신은 과거와 현재, 미래를 꿰뚫어 보고 파괴와 생식을 주관하는 신이라는데, 눈 아래에서 이루어지고 있는 화장火葬 의식을 마치 저승사자처럼 내려다보고 있다. 육신의 파괴로 이어지고 있는 저 의식은 또 다른 생을 위한 창조의 시작인가.

강변에 계단으로 된 둑을 쌓고, 둑을 따라 같은 간격으로 직사각형의 화장 가트를 만들어 놓았다. 유족들은 가트에 장작을 가로 세로로 켜켜이 쌓은 위에 주검을 놓고 장례를 치른다. 강 상류에는 국왕을 비롯하여 왕족이나 귀족들이 사용하는 가트가 있고, 하류로 내려갈수록 신분이 낮은 사람들이 사용하는 가트가 있다. 이승에서의 귀천이 화장장의 위치를 정해주는 것이다. 이승의 연을 끊는 마지막 의식인데도 이승의 틀을 벗어나지 못한 채 극락왕생을 기원한다는 것은 아이러니가 아닌가. 그러나 빈부귀천을 떠나 모든 주검들이 이곳에서 평등하게 한 줌의 재가 되기는 마찬가지였다.

화장 가트에서는 장례 예식이 한창이다. 어느 가트에서는 이승을 사르는 주황색 불꽃이 힘차게 하늘로 치솟고, 어느 가트에서 난 연기는 이승의 삶이 못내 아쉬운 듯 떠나지 못하고 화덕 주위를 맴돌다가 유족들의 얼굴에 앉아 눈물로 흘러내린다. 화장할 장작을 넉넉하게 마련하지 못한 가난한 유족들은 타다만 잿더미 속에서 유골을 추스르기도 한다.

물은 얼음이 되기도 하고, 수증기가 되어 구름으로 변하기도 한다. 본질은 변하지 않으면서 현상現象만 바꾸는 것이다. 이곳 사람들은 인간의 영혼은 전생과 현생, 후생의 삼생三生을 윤회한다고 믿는다. 물을 세 가지 모습으로 변화시키는 것은 온도나 바람 같은 물리적 환경이지만, 삼생의 윤회를 결정하는 것은 무엇일까? 저들이 고뇌하는 모습을 바라보면서 그것이 바로 그 힘을 찾기 위한 인간의 집념이며 몸부림이 아닌가라는 생각이 들었다.

"옴 마니 반메홈, 옴 마니 반메홈."

물이 하늘에 올라 구름이 되고, 구름이 비가 되어 물로 돌아오듯이, 이곳 사람들은 죽음도 단지 삼생의 모습을 바꾸는 것쯤으로 알고 있는 것일까. 그래서 조용히 흐르는 강물처럼 담담하게 죽음을 맞이하는 것인지도 모른다. 신앙심이 깊은 네팔 사람은 삶의 마지막이 가까워지면 바그마티 강변을 찾아와 죽음을 맞이하고, 한줌 재가 되어 강물에 뿌려지는 것을 더없는 소망으로 여긴다고 했다. 나는 강 건너 저편에서 무성영화처럼 소리 없이 움직이고 있는 화장 광경을 뒤로하고 발길을 돌렸다.

얼마쯤 내려왔을까. 이승을 하직할 준비를 하고 있는 수도자들을 만났다. 저마다 다리를 겨우 뻗고 누울 만한 공간을 차지하고 있다. 자신을 불사를 장작더미가 가득 쌓여 있는 한쪽 구석에 돌부처처럼 앉아 있거나 조용히 누워 있는 모습에 죽음의 그림자가 어른거린다. 저들은 머지않아 스스로 마련한 불꽃 속에 육신을 던져 극락왕생의 길을 찾아 나설 것이다.

바그마티 강변은 사랑하는 이들의 눈물 속에 지나온 업을 불태우고 있는 망자들로 숙연하였다. 수도자의 영혼이야 윤회의 고리를 끊고 피안에 이르렀을망정, 장례를 치르는 유족들은 오욕칠정을 가진 속인으로서 어찌 회한이 없으며 눈물마저 없겠는가. 문명의 안경을 쓰고 바라볼 때는 고답적이라 할 법도 하지만 오히려 인간의 순수한 삶의 모습을 보는 것 같아 나도 모르게 머리를 숙이고 말았다.

"모든 존재는 뜬구름처럼 덧없이 흘러가는 것. 이를 깨닫는 것은 영혼의 순결에 이르는 길이나니……."

지금 내 앞에서 이루어지고 있는 숙연한 광경에 나는 감히 카메라 셔터를 누를 수가 없었다.

은퇴자의 하루

아내는 요즘 실내 장식 전문가 같다. 가구며 거실의 화분 하나 놓을 자리까지 이리저리 저울질이다. 단조로운 생활에서 벗어나고 싶어서인 듯하다.

아침 일어나자마자 작업 지시가 떨어졌다. 몇 년 전 새 벽지로 도배를 하면서 떼어놓은 TV를 다시 거실 벽에 걸고, 받침대로 임시 사용하던 문갑을 원래 있었던 안방 제자리로 옮겨놓겠다는 것이다. 내게 선택권이 주어질 것도 아니고 어차피 해야 할 일 곧바로 옮길 준비를 했다. 가구를 옮길 때는 힘도 힘이지만 최소 두 사람이 양쪽에서 평형을 유지하며 밀고 당겨 주어야 하는데, 아내는 손목 부상이라 있으나 마나고, 초등학생 손주로는 아직 힘이 되지 못해 난감했다. 때마침 이웃에 사는 며늘아기가 왔다.

TV 벽걸이 공사는 생각보다 공임이 상당히 많이 든단다. 아내는 잠시 망설이다가 지난번 막내가 가져온 응접탁자를 가리키며, 색상이나 크기가 받침대로 적당하다며 혼자서 결정해 버리고 참관자들에게 의견을 묻는다. 옆에 있던 며늘아기가 맞장구를 친다. 나도 좋겠다고 한 표를 던진다. 누가 감히 아내의 결정에 토를 달겠는가. 재배치 작업은 일사천리로 진행되어 아침 식사 전에 대충 끝이 났다.

거실에서 신문을 읽고 있는 나를 아내가 잡아끈다. 주방 냉장고에서 갑자기 이상한 소리가 난단다. 냉장고를 옆으로 밀어내고 살펴본다. 먼지 뭉치가 통기구를 막고 있는 것 같다. 먼지를 제거하고, 코드를 다시 꽂으니 신기하게도 가동되기 시작했다. 몇 년 전에 부품을 교체했는데도 가끔 이상한 소리가 나서 신경이 쓰인다고 했다. 언제 다시 이상 작동이 될지 몰라 지켜보기로 했다.

주방 구석에 있는 전자레인지 조명등이 고장이고, 받침대 아랫부분의 바퀴가 빠져 흔들린다. 거실의 소파도 찢겨 벌어져 있다. 신발장 구석에 내박쳐 놓았던 망치며, 드라이버, 톱을 챙겨 들었다. 새로 사서 쓰면 덜 수고롭고 산뜻한 맛도 있겠지만 우리 식구들의 손때가 묻어 있어 낡으면 낡은 대로 애착이 가고 더 좋다. 먼지를 털어내고, 녹을 벗기고, 풀린 나사를 조이고 나면 처음 샀을 때 느꼈던 기쁨을 다시 느끼게 된다. 잃어버린 감격을 되찾는 기분이랄까. 오전은 이리저리 가구를 옮기고, 수리하고, 정리하기에 바빴다.

아내가 뒷정리하는 것을 보고 서실에 나갔다. 서예라면 초등학교 습자 시간에 먹물로 범벅이 되게 글자를 그리던 경험밖에 없는데, 퇴임 후에 소일 겸 수양의 방편으로 해보자는 동료의 주선으로 함께 나가게 된 것이다. 서너 시간 서실에 있으면 먹을 가는 데 걸리는 시간이나 글 쓰는 시간이 반반이다. 어느 때는 세상 돌아가는 이야기를 하다가 갈아 놓은 먹물의 반도 못 쓰고 일어서는 때가 허다하다. 오늘은 평소보다 조금 일찍 서실을 나섰다. 오래전부터 함께 활동해 온 사진 동호인들의 전시회에 참석하기 위해서다.

저녁을 준비하던 아내가 식탁 전등이 형광등이라서 차가운 느낌을 준다며 괜한 투정이다. 식구도 단출한데 백열등으로 교체해서 분위기나 부드럽게 하자는 아내의 청을 몇 번 들었지만 그저 웃어넘기고 말았더니 오늘은 작정하고 성화를 부린다. 동네 철물점에서 백열등을 여유분까지 몇 개 더 구입했다. 기왕에 시작한 일, 전구를 감싸고 있는 장식 유리까지 깨끗하게 닦아주고, 전구를 갈아끼웠다. 은은한 주황색 불빛으로 거실 분위기가 한결 부드럽다. 여자 말을 들으면 자다가도 떡이 생긴다더니, 역시 맞는 말이다.

하루 일과가 끝나고 피곤하여 쉬겠다던 아내가 다시 주방으로 간다. 며늘아기가 감기에 기침이 심하다며 꿀무즙을 해주어야겠단다. 한의사처럼 상당한 이론을 가지고 설명하는 아내의 말을 경청해 준다. 동네 병원에 가면 간단하게 치료될 것을 아내는 고생을 자청해서 한다.

은퇴자의 하루 일과가 끝났다. 아내의 내일 계획은 또 무엇일까?

세월이라는 것

대학 진학을 포기하고 고향으로 돌아온 뒤, 내 친구 '웅'도 두어 달이 못 되어 서울 생활을 정리하고 내려왔다. 웅이네 집 골방에서 밤새워 함께 공부한 결과가 모두 물거품으로 끝나버린 것이다. 주위 어른들의 걱정이 태산 같았지만 그럴수록 어른들의 눈을 피해 음지를 찾아 숨어버렸다. 미래를 다짐하던 친구 녀석들은 캠퍼스에서 젊음을 구가하고 있을 때, 우리는 골방에 처박혀 딴 세상을 헤매고 있었다. 별 의미도 없이 세상이 싫어졌고, 인생에 입문도 아직 하지 못한 풋내기들이 인생의 허무를 느꼈다. 하는 짓이라곤 멍하니 앉아 침묵을 지키다가 옆에 있는 친구가 들어주건 말건 열변을 토하기도 하고, 고물 기타 연주로 분위기를 엉망으로 만드는 것이 하루 일과의 전부였다. 누가 지켜보기라도 했다면 실성한 녀석들이라고 안타까워했을 것이다. 한 학기가 지나는가 싶더니 언제나 호방하고 의기양양하던 '철'도 사달이 나 휴학하고 말았다.

방 아래쪽 벽 한가운데에는 어울리지 않게 커다란 괘종시계가 걸려 있었다. 난리통에 피난길을 떠나면서도 어머니가 솜이불에 싸들고 나섰던 시계다. 어머니에게는 그토록 귀중했던 것이었지만, 지금 방구석에 누워 시간을 탕진하고 있는 나에게는 단지 훼방꾼일 뿐이었다. 무더위가 한창 기승을 부리던 날, 그날은 유난히도 시계추의 울림이 적막하게 들렸다. 우리는 말없이 시곗바늘을 지켜보다가 어느 순간 서로 눈이 마주쳤다. 까닭 없이 초초한 마음이 일기 시작했다. 이대로 낙오자가 되고 말 것이라는 절망감, 아무것도 할 수 없다는 무력감, 미래에 대한 두려움으로 머릿속이 혼란스럽기 그지없었다. 원판 위를 회전하는 시침과 분침은 크로노스의 두 팔처럼 모든 것을 하나하나 집어삼킬 듯 옥죄어 들었다. 우리를 내려다보고 있는 벽시계를 애써 외면해 보지만 소리마저 외면할 수는 없었다. 골방을 뛰쳐나갔다. 서로가 서로를 격려하며, 시간이라는 무형의

공포와 압박감에서 겨우 벗어나고자 했다. 차츰 현실을 직시하고, 각자 나아갈 길을 찾기 시작했다.

세월이 흘러, 한 녀석은 의술을 익혀 히포크라테스의 후예가 되고, 또 한 녀석은 대학 강단에서 후진을 양성하다가, 세상을 경영하겠다며 천하를 주유周遊하는 논객이 되었다. 세월이 또 흘러 제 갈 길을 간다며 헤어졌던 녀석들이 백발이 되어 다시 모였다.

그러던 어느 날, '웅'으로부터 마지막 소식이 왔다. 그것은 본인이 아니라 옆자리를 지켜주던 여인이 대신 보낸 편지였다. 동네 사람들과는 격의 없고 용한 의사, 주위 사람들에게는 재치 있는 농담으로 건강과 희망을 안겨주던 인생 상담자, 친구들에게는 언제나 정겹고 편안했던 '웅'이 대리인을 통해 마지막 인사를 보낸 것이다.

팔도에 흩어져 있던 녀석들이 하나 둘 모여들었다. 장례식장의 대리석 기둥에는 무료했던 시절, 우리들을 굽어보던 아날로그 벽시계 대신 디지털시계의 전광판이 우리를 지켜보고 있다. 마치 이승의 이별을 카운트다운이라도 하듯 전광판의 숫자가 어김없이 눈앞에서 흐른다. '웅'이와의 지난 세월을 반추해 본다. 한평생 친구로 지내오면서 우리는 서로에게 고민을 말로 표현하지 않았다. 상대의 고민을 알았어도 충고나 조언을 하지 않았다. 이심전심으로 서로의 마음을 헤아려 편안하게 해 주며 기다릴 뿐이었다. 그것이 서로를 지켜주는 힘이었으며 난관을 헤쳐 나가는 용기였다. 우리는 학업을 마치고 서로 헤어져 있었지만 마음만은 항상 가까이 있었다.

신부님이 미사를 집전한다. 고인의 유업을 기리고, 유족의 아픔을 달랜다. 좋은 말씀이 스피커를 통해 교회 안을 가득 메웠지만, 내게는 귓전을 스쳐 지날 뿐이다. '웅'이의 장례미사를 올리고 있다는 사실이 도저히 믿어지지 않았다. 철부지 코흘리개 시절 '웅'이와 동네 예배당 성탄절 행사에 장난 삼아 참석했던 생각이 문득 떠올랐다. 낯선 광경인데도 귀에 익은 성탄절 노래가 우리를 즐겁게 해 주었었다. 그때 그 환한 웃음을 지으며 방금이라도 친구들 이름을 부르며 다가올 것만 같다.

논객이 앞으로 나가 세상에서 가장 슬픈 글을 읽기 시작한다. 평소에 그렇게 논리 정연하고 이성적이던 논객이 두어 줄을 읽지 못하고 어린애처럼 엉엉 울다가 내려온다. 잠시 침묵이 흐르고, 사람들은 천천히 움직이기 시작한다. 반듯하게 누워있을 '웅'이는 붉은 포에 덮여 하얀 장갑을 낀 청년들의 호송을 받으며 성전을 나선다.

이제 이승의 연을 접어야 할 시간. 세월이라는 무형의 흐름은 내 친구 '웅'이를 이렇게 데리고 떠났다.

시작과 끝의 의미

가을 이른 아침입니다. 산책길에는 노랗고 붉게 물든 이파리들이 어지럽게 널려 있습니다. 마치 자연이 나름의 빗장을 풀고 교감하는 듯합니다. 한 이파리가 직선을 그리며 떨어집니다. 어느 것은 동그라미를 그리며 빙글거리다가 사뿐히 내려앉습니다. 대지의 숨결이 이들 위로 감싸듯 스쳐갑니다.

길섶 나뭇가지 아래 텅 빈 그늘에는 이슬에 젖은 거미줄이 숨을 멈춘 듯 늘어져 있습니다. 무당거미는 가을바람에 알을 낳으러 또 다른 안식처로 떠났는지 집을 비웠습니다. 자연의 법칙에 따라 어김없이 움직이는 새벽의 숲은 침묵 속에서도 부산하기만 합니다.

가을은 풍성하면서도 때로는 우울하기도 합니다. 낙엽의 고운 색깔이 그렇고, 실바람에 흐느끼듯 움직이는 모습이 그렇습니다. 그래서 시인은 덧없이 버림받아 떨어지는 낙엽의 빛깔을 '정답고 쓸쓸하다.'고 했습니다. 나무는 계절에 적응할 뿐인데, 사람들은 자신의 느낌대로 생각하고 해석해 버리고 맙니다.

파랗게 자란 이파리가 열매를 맺고 흙으로 돌아갑니다. 나무는 뿌리에 생명을 기댄 채, 봄이 오면 또 싹을 틔우고, 여름이 지나 가을에 열매를 맺습니다. 나무는 겨울을 맞으며 다음 봄을 준비합니다. 지금 들녘에서는 가을걷이가 한창입니다. 농부는 수확의 기쁨을 누리며 내년을 생각합니다. 농사의 시작은 언제이고, 그 끝은 언제인가요. 결실만 거두려는 사람에게 가을걷이는 끝일 수 있겠지만, 봄에 뿌릴 씨앗을 생각하는 농부에게는 시작일 수도 있습니다.

밤하늘에 무수히 떠 있는 별을 보며 인간의 왜소함을 다시 한 번 생각합니다. 천 년이 넘도록 한자리에 듬직이 서 있는 나무도 있습니다. 곰곰이 생각해 보면 인간은 찰나를 살다 가는 우주 만물 중의 미미한 존재이며, 자연 구성원 중의 극히 일부분에 지나지 않습니다. 그런데도 우리는 인간에게나 적합한 틀을 만들어 놓고 거기에 자연의 모든 것들을 끼워 맞추려고 고집합니다. 그래서 우리는 그 본질에 이르지 못하고 겉만 살펴보는 경우가 허다합니다. 겉만 살피다 보니 어디가 시작이고 끝인지는 자연의 섭리보다 인간이 만든 기준으로 정해버리고 맙니다.

사람들은 누구나 세상의 참모습을 알고 그에 따라 살고 싶어 하지만, 역설적으로 자기가 본 세상이나 자신의 경험만을 세상의 모든 것으로 알고 우겨댑니다. 그러나 우주 만물이 자연의 섭리에 따라 변화하듯이 그 '우겨댐' 역시 언제 어떤 환경에서 어떻게 변할지 아무도 모릅니다. 내가 현재 옳다고 믿고 있는 사실도 언젠가는 또 다른 환경에서 '새로운 옳음'을 만들어 갑니다. 그 새로운 옳음은 또 다른 옳음의 새로운 출발점이 되겠지요. 세상을 관조하는 분들은 이것이 세상이 변해가는 이치라고 말합니다.

자연이 우리에게 내려주신 진정한 삶의 즐거움을 잊은 채, 오늘 하루도 막연한 긴장 속에서 괜스레 바쁘고 조급증만 났습니다. 어떤 때는 역정을 부리다가 무엇 때문에 그랬는지 허탈해 합니다. 조금만 비켜서 보면 웃고 넘길 일로 다투고 미워합니다. 수양이 부족하고 천박한 탓이라고 여기며 나 자신을 돌아보지만 그 근본에는 시작과 끝의 착각에서 오는 인과因果가 아닌가 생각해 봅니다.

진정한 삶의 의미는 무엇이며, 그 끝과 시작은 어디인가도 생각해 봅니다. 인간의 죽음이 삶의 끝인지, 알지 못할 또 다른 세계로의 시작인지는 아무도 모릅니다. 죽음은 어쩌면 끝이 아니라 시작일지도 모른다는 생각이 언뜻 스쳐갑니다. 돌고 도는 윤회의 의미도 새겨 봅니다.

숲 너머에서 오렌지빛 햇살이 막 떠오르고 있습니다. 부엉이는 이제 제집을 찾아가 쉴 시간입니다. 시작과 끝의 진정한 의미를 생각하게 하는 아침입니다.

아침 산책길

동산 들머리에 들어선다. 싱그러운 숲과 새소리가 가슴을 설레게 한다. 겨우내 움츠렸던 생명들은 단잠을 떨치고 봄을 준비한 지 오래다. 지난가을에 떨어진 낙엽은 촘촘히 서 있는 나무들의 밑거름이 되거나 이제 막 솟아오르는 새싹들을 포근히 덮어 주고 있다. 아침마다 오르는 이 산은, 뒷동산이라 하기에는 제법 크고 품도 넉넉하여 산책길로 안성맞춤이다. 10여 년이 넘도록 습관처럼 오르는 아침 산. 사색의 오솔길도 되고, 머릿속으로 썼다가 지우기를 반복하는 창작의 산실이 되기 때문이다. 숲의 향기가 몸을 감싸면 언제나 내 마음은 상상의 나래를 한껏 펴게 되는 것이다.

요즘 들어 산자락 여러 곳이 잘려 나가고 파헤쳐져 아파트촌이 들어서면서 순박하던 옛 모습을 잃어가는 현장을 볼 때마다 안타깝기 그지없지만, 그래도 뒷동산은 언제 찾아도 옛 친구처럼 정겹다. 여름의 푸른 숲, 황혼에 곱게 물들어 가는 가을의 낙엽, 하얀 눈으로 덮인 겨울의 휴식, 그리고 봄의 신비, 그것은 그것들대로 모두가 아름답다.

숲 속에 들어서면, 키 큰 소나무 아래 애참나무, 찔레와 아까시, 푸새들이 어우러져 새벽 공기를 더욱 상쾌하게 한다. 잘 꾸며진 정원보다 흐트러져 있는 자연이 오히려 더 조화롭다. 오솔길 가에는 봄맞이꽃, 애기똥풀, 각시붓꽃도 눈에 띈다. 꽃다지, 양지꽃이 지천이다. 꽃 이름 하나하나가 재미있고, 그에 얽힌 사연은 더욱 흥미롭다.

소나무 숲을 지나 등성이에 오른다. 상큼한 공기로 가슴속 까지 시원하다. 이른 새벽의 숲은 산책 나온 사람들과 산새들이 지저귀는 소리로 활기차다. 내리막길에 들어선다. 자욱하던 안개가 동녘의 기운으로 서서히 잦아든다. 무심히 지나치던 조팝나무 꽃이 오늘따라 더 아름답다. 좁쌀을 튀겨 붙인 것 같다고 조팝나무라고 한다던가. 박새 한 마리가 인기척에 놀라 퍼덕이며, 저쪽 나뭇가지로 자리를 옮긴다. 행여 더 멀리 날아갈까봐 잠시 숨을 죽이고 지켜본다. 박새란 놈이 조심스럽게 높은 음으로 서곡을 시작한다. 때맞춰 산비둘기가 저쪽에서 굵직한 저음으로 대담하게 거들더니, 이내 또 한 놈이 반대편에서 화답한다. 까치도 휘파람새도 방울새도…. 아침을 여는 숲의 소리들이 한데 어우러져 웅장한 자연의 교향곡처럼 울려 퍼진다. 나는 황홀한 광경에 도취되어 꿈속을 헤매듯 한동안 서 있다.

길섶에는 자줏빛 제비꽃이 한창이다. 제비가 돌아올 때쯤 흔히 볼 수 있다고 해서 제비꽃이다. 이 꽃에는 슬픈 이름이 하나 더 있다. 오랑캐꽃이다. 아버지, 그의 할아버지 어린 시절에, 이 꽃이 필 무렵이면 어김없이 오랑캐들이 쳐들어 왔단다. 민초들은 들녘에 만발한 이 꽃을 곱다고 생각하기보다는 머지않아 난리가 닥쳐올 것이라는 신호로 알고 불안한 마음을 떨칠 수가 없었다. 그들이 벼락같이 떼로 몰려와 이 마을 저 마을을 휩쓸고 지나가면 어디 먹을거리만 빼앗아 갔겠는가. 변변치 못한 세간은 결딴이 나고, 어제까지 오순도순 살아가던 겨레붙이들은 생사가 묘연한 채 사방팔방으로 흩어졌다.

하루아침에 풍비박산이 난 가세를 추스르고 한숨을 돌리는가 했더니, 이번에는 호랑이보다 더 무서운 고비가 하나 더 기다리고 있었다. 넘어도 넘어도 매년 찾아오는 보릿고개였다. 송기를 벗겨 먹으며, 햇보리가 여물 때까지 넘던 이 고개는 또 다른 이별을 가져왔다. 생사를 눈앞에 두고 떠나야 했던 전쟁 통의 이별보다, 보릿고개의 이별은 더 가슴 아픈 이별이며, 눈물로 등을 밀어 고갯마루에서 헤어지던 허기진 생이별이었다.

우리 할아버지들은 그토록 힘들고 한스러운 삶을 살면서도, 언제 당할지 모르는 어려움에 대비하여 항상 준비하고, 근검절약하는 마음을 생활신조로 삼으라고 말씀하셨다. 이러한 말씀들이 오늘의 풍요를 이룬 밑거름이 되었다. 우리는 그 덕택으로 자연의 아름다움을 만끽하며 아침 산책을 즐기는 삶의 여유를 갖는다.

장끼 한 마리가 지척에서 퍼덕이며 덩굴 안으로 몸을 숨긴다. 아침 산책객들이 도시의 늘어선 가로등처럼 줄지어 오른다. 나는 아름답고 활기찬 아침을 맞으며 다시는 이 강산에 제비꽃과 보릿고개의 슬픈 사연이 되살아나지 않기를 바란다.

인생 삼모작

'내가 활동할 수 있는 시간은 앞으로 얼마나 남았을까.' 어느 신문의 칼럼을 읽고 내 스스로에게 던져본 질문이다. 보통 사람들이 은퇴해서 80세까지 활동한다고 가정했을 때 밥 먹고 잠자는 시간을 빼면 대략 7만여 시간이 남는데, 이 시간을 어떻게 지내느냐에 따라서 장수가 축복일 수도 있고, 그렇지 않을 수도 있다는 논지였다.

신문에서 읽은 대로 계산한다면 내게 남은 시간은 4만여 시간쯤 되는 것 같다. 여기에 섭생을 잘해서 몸과 마음을 다스린다면 덤으로 얼마를 더할 수도 있을지 모르니 생각하기에 따라 짧은 시간만은 아닌 것 같다.

나에게 주어진 시간을 산정해 놓고 보니 삶의 한계를 보는 것 같아 마음이 무거워진다. 그 시간 동안 무엇을 어떻게 하며 살아야 하는가 등 결국 원초적인 삶의 문제로 돌아가고 만다.

예로부터 우리 선조들의 바람은 오복을 누리며 사는 것이었다. 오래 살고, 부를 이루며, 건강하게 살면서, 덕을 베풀고, 제 명대로 살다가 가족들의 보살핌 속에서 편안하게 삶을 마감하는 고종명考終命이었다. 현재의 잣대로 치더라도 얼마나 행복한 삶인가. 그러나 온 가족이 대를 이어 한곳에 정착해서 살던 농경 사회에서나 가능한 일이지, 현재처럼 역동적인 사회 구조에서는 그리 쉬운 일만은 아닌 것 같다. 생활환경과 가치관의 변화도 변화지만 평균 수명의 연장으로 생의 주기가 달라진 것도 원인 중의 하나가 아닌가 생각해 본다.

우리 부모님 시대에서 환갑은 생의 큰 축복이며 가족들에게는 큰 경사였으나, 요즘 사람들에게는 환갑은 말할 것도 없고 칠순 잔치도 별 의미가 없어져 버렸다. 지천명知天命이니 이순耳順 같은 연령을 비유적으로 이르던 말은 이제 적합하지 않은 것 같다. 지금의 세태를 보면 생의 주기는 연령에 따라서 구분되는 것이 아니라 자기 관리와 세상에 대한 열정으로 구분되는 정서적 차원의 문제가 아닌가 한다. 40대의 고희古稀가 있을 수도 있고, 70대의 때늦은 불혹不惑도 있을 수 있다. 미수米壽를 넘기고도 젊은이 못지않게 열정적으로 활동하는 사람들을 우리 주위에서 흔히 볼 수 있지 않은가.

이런저런 모임에 나가보면 노후를 지내는 여러 유형의 모습을 볼 수 있다. 어떤 분은 그간 여러 가지 사정으로 실행하지 못했던 일들을 찾아 열심히 공부하며 보람을 느낀다. 어느 선배는 지역 복지관에서 운영하고 있는 프로그램에 참여하여 이웃에 봉사하며 눈코 뜰 새 없이 바쁘고 즐겁게 지낸다. 어느 지인은 독서나 취미 생활을 하며 한가로이 소일하다가도 기분이 나면 훌쩍 여행길에 올라 세상의 풍물을 즐기고 돌아온다. 또 어떤 이는 젊은이들과 어울려 산과 들로 마음껏 쏘다니며 노익장을 과시한다. 유·소년기에 갈고 닦은 지식을 청 · 장년기에 나름으로 펼쳐서 이제 노년기를 맞아 인생 삼모작을 거두는 것 같다. 마치 오늘을 위해 그 많은 날들을 준비해온 것처럼 그들은 언제나 당당하고 여유가 넘친다. 그러나 한 발을 더 깊이 들여다보면 그 여유는 진정한 여유가 아니다. 그 여유 심층에는 어딘가 허전한 아쉬움이 남아 있는 것 같다.

며칠 있으면 또 새해가 밝아온다. 창가에 앉아 따뜻한 차 한

잔으로 몸과 마음을 녹인다. 지금 내가 누리고 있는 이 편안함, 아내가 정성껏 가꾸어 놓은 창가의 겨울 화초들, 바람막이 이중창, 나를 감싸고 있는 많은 것들. 이런 것들을 만들어준 사람들에 대한 고마움을 생각하며 새삼 내 자신을 뒤돌아본다. 그간 가볍게 보아 넘겼던 세상살이의 그늘도 이제야 눈에 들어오고, 까마득히 멀어진 옛 인연들도 눈앞에서 어른거린다.

조용한 밤, 세밑의 찬바람이 별빛을 흔들고 지나간다. 인생 삼모작의 즐거움을 탐하기 전에, 그 결실을 어떻게 거두느냐 하는 물음에 마음의 방점을 하나 더 찍는다.

Ⅱ
낙숫물 소리

꽃을 사랑한 사람들

한적한 마을에는 오가리 샛강이 흐르고, 양지바른 산자락에는 아담한 집들이 옹기종기 모여 있었다, 하루에 서너 번 청주를 오가는 버스가 교통의 전부였다. 몇 년이 지나 댐이 건설되고 물이 차오르면서, 마을은 산 중턱으로 옮겨져 현대식으로 조성되었다. 옛날에 비해 모든 것이 편리해졌지만 옛 정취는 물속에 잠겨 찾을 길이 없다.

충북 청원의 석회암 지대에서 '두루봉' 동굴 유적 탐사가 본격적으로 시작된 것은 1970년대 중반부터다. 탐사팀은 "이 지역에 산재해 있는 동굴에는 이미 20여만 년 전에 사람이 살았으며, 동굴 안에는 장식용으로 진달래꽃을 꺾어다 놓았던 흔적이 있다."라는 내용을 발표했다. 이곳에 살던 사람들은 주거 공간에 자의적으로 꽃을 꺾어다 놓고 감상할 수 있는 감성을 가진 사람들이란 해석이다.

그뿐만 아니다. 같은 지역의 또 다른 동굴에서는 약 4만여 년 전에 장례를 치른 유적이 발굴되었다. 다섯 살 정도 된 어린아이의 무덤으로 "땅을 깊게 파고 바닥에 판자 돌을 깔았다. 그 위에 고운 흙을 뿌리고, 주검을 곧게 펴서 얼굴이 하늘을 향하게 눕혔다. 다시 고운 흙으로 다지고, 마지막으로 넓적한 판자 돌로 덮어 주었다. 주검 주변에서는 국화꽃 가루가 발견되었다." 역시 발굴 팀이 발표한 내용이다. 나는 호수에 잠겨 봄빛으로 청아하게 단장한 산봉우리를 따라 잠시 상상의 나래를 펴 본다.

가족들의 사랑을 받으며 자라던 철부지가 안타깝게 목숨을 잃었다. 어린 자식을 먼저 보내는 어머니의 비통한 마음이야 오죽했겠는가. 그의 가족은 물론 주위 사람들도 말할 수 없는 슬픔에 잠겼다. 동굴 사람들은 정성스럽게 그들 나름의 장례를 준비하였다. 이별을 앞두고 어린 넋을 위로하는 진혼제 같은 것도 있었을 것이다. 장정들은 구덩이를 파고, 행여 다칠세라 어린 주검을 마무리하면서 눈물과 함께 국화꽃을 뿌렸다. 그의 어머니와 동굴 사람들은 못다 한 이승의 짧은 만남을 애석해하며 동굴을 떠났을 것이다.

보통 사람의 상식으로는 어떤 모습의 사람들이, 어떤 생각을 가지고, 어떻게 살았는지, 상상하기조차 힘든 아주 먼 옛날에 대청호 주변의 동굴에서 일어났을지도 모르는 일들이다. 이러한 사실에 관한 고고학적 의미를 규명하는 것은 학자들의 몫이겠지만, 내 관심사는 꽃을 사랑하고 어떤 의식을 통하여 주검을 마무리하였던 사람들이 먼 옛날 이 지역에 살았었다는 사실이다. 그들은 자연의 아름다움을 느끼고 즐길 수 있는 감성이 풍부한 사람들이었으며, 이미 그때에 천문의 이치를 알고, 미숙하나마 천지의 음양을 따랐다. 어떤 의미에서는 현대인보다 더 생명을 귀히 여기고 정중하게 장례를 치러 주었다. 그들은 죽음을 단순히 생물적인 수명의 마감으로 생각한 것이 아니라, 죽음 이후에 있을지도 모르는 또 다른 세계를 염원하였을 것이다.

과학의 발달이 생활을 한층 더 풍요롭게 만들고, 머지않아 인간을 각종 질병에서 해방시켜 장수 세상을 만들 것이라고 한다. 인간도 어떤 목적에 맞게 설계되어 공산품을 찍어내듯 맞춤형으로 양산될 수 있을 것이라는 공상이 점점 현실로 다가오면서, 행복한 미래가 올 것이라는 희망보다는 감성이 메마른 로봇 같은 인간이 세상을 지배할지도 모른다는 섬뜩한 생각이 앞서는 것은 나만의 기우일까.

나는 상념에서 벗어나 청남대에서 벌어지고 있는 영춘제로 발길을 돌렸다. 한창 무르익은 꽃 잔치에 많은 사람들이 모여 흥겨워한다.

꽃을 꺾어다가 주변을 장식하고, 국화꽃을 따다 뿌리며 어린 영혼을 쓰다듬어 주던 동굴 사람들, 분명 이 땅은 자연이 우리에게 내려주신 마르지 않는 감성의 샘물이 솟아나는 곳이며, 언제나 훈훈한 정이 넘치는 곳이었다. 자연은 인간을 창조하고, 인간은 문화를 창조한다. 자연환경의 작용에 의해서 만들어진 생활 형태를 문화라고 한다면, 두루봉 사람들의 감성은 우리를 '동방 예절의 나라'로 승화시킨 문화의 원천이었다.

석양빛에 반짝이는 대청호의 물결 위로 두루봉 사람들의 환상이 아련하게 나타났다 사라진다. 그들은 진정 꽃을 사랑한 사람들이었다.

5월을 맞으며

5월은 '날'의 달이다.

어린이날을 시작으로 어버이날, 스승의 날, 성년의 날, 부부의 날로 이어지는 '날'은 특정 단체에서 지정한 '날'을 포함하여 한 주일에 두세 번 꼴로 맞이하는 것 같다. 일 년 중 가장 역동적이고 아름다운 계절, 연둣빛 신록으로 하루가 다르게 물들어가는 들녘의 싱그러움이나 도심 공원의 숲, 새들의 노랫소리 또한 우리의 마음을 한층 부풀게 한다. 5월은 희망의 달, 청소년들이 마음 놓고 자신의 꿈을 키우고 펼칠 수 있는 청소년을 위한, 청소년의 달이기도 하다.

오늘이 '성년의 날'이다. 어느 대학에서 집단 성년식을 치르는 장면이 TV에서 방영되었다. 한복으로 곱게 차려 입은 선남선녀들의 모습이 대견스럽다. 성년례는 우리가 전통적으로 지켜온 가례-관례 · 혼례 · 상례 · 제례- 중 가장 먼저 치르는 관례를 현대 생활 의식에 적합하도록 변형해서 치르는 의식이다.

옛 예서에 "남자는 20세가 되면 땋아 내린 머리를 올려 상투를 틀고 관을 씌우는 관례冠禮를, 여자는 15세가 되면 머리를 올려 쪽을 찌고 비녀를 꽂는 계례笄禮를 치러 주었다. 이것은 장차 남의 아들로서 자식의 도리를 다하게 하고, 남의 아우로서 동생의 도리를 다하게 하며, 남의 신하로서 신하의 도리를 다하게 하고, 남보다 젊은 사람으로서 젊은이의 도리를 다하게 하려는 데에 뜻이 있다."라고 했다. 현대적인 의미로 풀어 보면 인간의 도리, 국민의 의무, 사회 공동체의 일원으로서 역할 등을 강조한 것이라고나 할까. 우리 사회가 천수백 년을 지켜온 가치가 아닌가 생각한다.

성년의식은 민족이나 지역에 따라 형식과 내용에 다소 차이가 있지만 거의 모든 사회 집단에서 치러지는 의식이다. 정규적인 국민 교육이 이루어지지 않았던 시대에서는 더욱 필수적인 생애 통과의례였다. 이웃 나라 일본은 성년의 날을 공휴일로 지정하여 사회 단체와 관공서가 나서 성년을 맞이한 '새내기 어른'들을 축하해 주고 격려하는 가운데 어른의 의무를 일깨워 주는 행사를 한다. 유럽도 마찬가지다. 언젠가 인디언 부족의 특별한 성년의식을 소개한 책자를 읽은 적이 있다. 부족을 보호할 수 있는 전사의 체력과 가족을 부양할 수 있는 사냥 기술과 지혜를 시험 받는다. 혹독한 시험을 거쳐 통과한 사람만이 성인으로서 정당한 대접을 받는다.

학교에 재직하고 있을 때의 일이다. 고등학교 3학년 졸업반이면 성년을 맞이하는 학생이 한 학급에 한두 명은 있게 마련이었다. 성년의 날이 되면 성년이 된 학생들과 차를 함께 마시면서 미리 준비한 선물을 주고 축하와 덕담을 해 주는 것이 보통이었다.

어느 해는 성년이 된 학생이 전교에서 십여 명이 넘었다. 고등학교 졸업반이면 아직 민법상 성년은 아니다. 그러나 학생들의 상당수가 졸업 후 산업 현장에서 성인들과 함께 생활하는 현실에서 학생들에게 어른으로서의 마음가짐과 행동에 대한 책임감을 갖도록 일깨워주는 것도 중요한 진로 교육의 일부라는 생각이 들었다. 고심 끝에 '집단 성년식'을 치르기로 했다. 진행 절차는 옛 방식을 참고하되 형식보다 성년례의 근본 취지를 알고 실천할 수 있도록 내용에 치중하여 식을 거행하기로 했다. 주례자는 학교 동문 중에서 원로 한 분을 모시고, 필요한 복장이나 소품들은 예절교육 단체에서 지원을 받았다. 엄숙하고 진지한 분위기에서 아름다운 우리의 옛 문화가 재현되는 현장을 대하니 감회가 새로웠다.

관례의 초입부가 끝나고, 어른의 옷을 입히는 의식이 진행된다. 주례자 앞에서 보조자는 평상복을 입히고 관을 씌운다. 주례자가 첫 번째 축사를 한다. 좋은 달 좋은 날을 가려서 비로소 어른의 옷을 입히나니 너는 이제 어린 마음을 버리고 어른으로서의 덕을 좇아 오래도록 행복을 누릴지어다. 다음 출입복을 입히고 갓을 씌운다. 두 번째 축사가 이어진다. 어른의 출입복을 입었으니 삼가서 너의 거동을 의젓하게 가질 것이며 덕을 더욱 삼가 높여서 큰 복을 누릴지어다. 이어 예복을 입히고 유건을 씌운다. 너는 이제 어른의 옷을 다 갖추었다. 동기간에 우애하고 이 세상의 아름다운 덕을 빠짐없이 이루어 건강하게 수를 누려서 하늘이 주는 경사를 모두 받을지어다,라는 세 번째 축사를 마친다. 이어 술을 마시는 의식에서는 술 마시는 예법을 가르친다. 주례자는 성년자에게 자字를 지어주며, 자의 깊은 뜻에 맞도록 행세할 것이며 잘 간직해 길이 보전토록 하라는 당부를 한다. 엄숙한 분위기에서 성년자나 학부모 모두 상기된 얼굴빛이다.

마지막으로 사당을 찾아 조상과 부모를 뵙고, 손님을 접대하며, 이웃 어른들을 찾아뵙는 순서지만 여건상 생략하고 '성년 선서'와 '성년 선언'을 끝으로 식을 마쳤다.

관례나 계례를 마치면 어른으로서 인정해 주고 그에 맞는 대접을 해 주었다. 말씨도 '해라' 하던 것을 '하게'로 높여주고, 이름도 함부로 부르지 않고 남자는 자字를, 여자는 당호堂號로 불렀다. 어른께 절을 하면 이제 성인이 되었기 때문에 어른도 답배를 했다. 성년자가 사회의 일원으로서 긍지를 가지고, 능동적으로 사회생활에 참여할 수 있게 하는 우리의 아름다운 생활문화였다.

청소년은 우리 사회의 큰 희망이다. 청소년들이 스스로 삶의 의미를 생각하고, 미래를 설계하며, 당당히 자기 앞길을 개척해 나갈 수 있도록 강한 의지와 힘을 심어 주는 것이 어른들의 도리가 아니겠는가.

5월을 맞이하여 우리 조상들이 지켜온 성년례의 근본적인 의미를 다시 한 번 생각해 본다.

동지팥죽

팥 삶는 냄새가 구수하다. 아내는 동지 음식을 준비하느라 아침부터 바쁘다. 이번 동지는 휴일과 겹쳐 식구들이 모두 함께할 것이라는 생각으로 부산을 떨고 있다. 평상시에는 집안이 한갓지다가 주말이나 특별한 날이 되면 따로 나가 사는 식구들이 모여 풋풋한 정이 넘쳐 뿌듯하다.

동지는 24절기 가운데 22번째 절기로 일 년 중 가장 밤이 긴 날이다. 옛 민속을 기록한 ≪동국세시기≫에는 동짓날은 다음 해가 시작되는 날이라는 뜻으로 '아세亞歲'–작은 설–라고 했다. 궁중에서는 설날과 함께 가장 큰 축일로 여겨 잔치를 베풀

고, 관상감에서는 새해 달력을 만들어 왕에게 바치면 왕은 그것을 받아 모든 관료들에게 하사했다. 달력을 하사받은 관료들은 주위 사람들에게 다시 나누어 주었다. 달력은 현재처럼 1년에 걸친 일자와 요일, 기념일 등을 월별로 표시해 놓은 단순한 인쇄물이 아니었다. 절기에 따라 농사 준비를 하고, 일상생활에서 길흉화복을 가리는 데 필요한 기초 자료를 제공하는 책력이었다. 인쇄술이 발달하지 못한 시대에서 달력은 구하기 힘든 귀중한 생활 지침서였다.

동짓날, 민가에서는 찹쌀가루로 새알 모양의 떡을 만들어 넣고 팥으로 죽을 쑤어 시절음식으로 삼아 제사에 썼다. 이렇게 만든 팥죽은 먼저 사당에 차례를 지내고 방이나 대청, 광 같은 데다 한 그릇씩 떠 놓았다. 대문과 바깥쪽 벽에도 팥죽 물을 뿌려 액땜을 한 뒤에야 온 식구들이 둘러앉아 먹었다. 팥죽의 붉은 색깔이 액을 막고 상서롭지 못한 것을 제거한다고 해서 유래된 민속이다. 정월, 한식, 단오, 추석과 더불어 우리가 지켜온 5절기 민속 중의 하나로 큰 행사였다. 반세기 전까지만 해도 우리가 지키던 세시풍속이었으나, 지금은 번거롭고 부질없는 풍습이라고 여겨서인지, 생활의 여유가 없어서인지 거의 사라져 버리고 말았다. 간혹 볼 수 있다 하여도 그 본질은 없어지고 변형된 외형만 전해지는 것 같다.

오랜만에 식구들이 모두 식탁에 둘러앉았다. 동지에 관한 옛 풍습이며 팥죽 이야기로 잔뜩 분위기를 띄운다. 이윽고 며늘아기는 아내가 힘들여 만든 팥죽을 한 그릇씩 식구들 앞에 가져다 놓는다. 모두 수저를 든다. 큰손자 녀석이 호기 있게 한 입 넣더니 제 입맛에 맞지 않았는지 첫술에 수저를 놓아버린다. 작은녀석은 냄새가 이상하다고 투정이다. 다른 녀석들도 마찬가지다. 작년에는 색깔이 싫다고 투정을 부리며 먹지 않았지만, 올해는 나이를 한 살 더 먹었으니 손자 녀석들도 맛있게 먹을 것이라는 아내의 생각이 빗나간 것이다. 아들과 며느리도 마찬가지다. 애써 만든 어미의 성의에 그저 한두 수저 떴을 뿐 입맛에 맞지 않는 것 같다. 아내 보기가 민망하여 나만이라도 맛있게 먹는 척했지만, 왠지 나 역시 별로다. 내가 어릴 적 어른들 틈에 끼여 먹었던 팥죽의 그 맛이 아니다. 옛날, 어머니가 가마솥에 장작불로 쑤던 팥죽이 아니어서인가, 아니면 아내의 서툰 음식 솜씨 탓일까. 아마도 초콜릿에 맛들여진 아이들 입맛이나 현대의 현란한 음식문화에 얼추 길들여진 내 입맛이 토종의 맛을 밀어낸 것 같다. 환경도 변하고 풍습도 변했으니 당연히 입맛도 변하기 마련인 것을, 우리 세대에서나 지켰던 옛 추억을 흉내 내어 억지를 부린 것 같아 아이들에게 미안하였다.

그래도 옛 어른들이 지켜오던 동지치레가 마음 한구석에 아직 남아있는 것은 어쩔 수 없는 일이다. 아마도 그것은 내 입맛에서 멀어져가는 동지팥죽 그 자체가 아니라 우리 조상들이 지켜오던 아름다운 풍속들이 점점 사라져 가는 것에 대한 아쉬움에서일 것이다.

구운 돌과 손난로

겨울 산행에서 추위에 가장 민감한 신체 부위는 아마도 손가락 끝 부분일 것이다. 어지간히 두꺼운 장갑을 끼었더라도 긴 시간 동안 스틱을 잡고 산행을 하다 보면 손끝 시림은 더할 나위 없이 견디기 힘들다.

산행 준비를 하면서 옛날에 사용하던 손난로가 뜬금없이 생각났다. 한동안 낚시에 재미를 붙여 시간이 날 때마다 동료들과 어울려 밤샘 낚시를 다닐 때였다. 낚시 도구를 준비하면서 손난로 두 개를 샀었다. 하나는 시골에 계시는 어른께 드리고, 다른 하나는 내가 사용하기로 했었다. 그 뒤 여러 사정으로 낚시를 그만두면서 낚시 도구들은 흐지부지 없어지고 손난로만 남겨 두었었다.

여기저기 뒤적이다가 엉뚱하게 문갑 서랍에서 손난로를 찾았다. 손바닥에 딱 들어맞는 크기로 붉은 우단 주머니 안에 들어있는 모습이 앙증맞다. 스테인리스로 만든 윗부분에는 연소할 때 필요한 공기가 통하도록 꽃잎 문양의 구멍이 뚫려 있다. 아랫부분은 연료를 흡수하여 저장할 수 있도록 솜뭉치가 채워져 있고 석면으로 만든 심지가 박혀 있다. 솜뭉치에 라이터에 사용하는 기름을 넣고, 심지에 불을 댕기고, 위아래를 결합하면 천천히 연소되면서 열을 내게 만들어진 구조다. 기능이나 외관으로 보아 지금 당장 사용하더라도 별 문제가 없는 것 같았다.

라이터 기름을 구하려 나섰다. 얼마 전까지만 해도 시내 번화가 한 모퉁이에 만물상 리어카 상인이 있었다. 만년필이나 선글라스는 물론 라이터에 기름을 넣어 주거나 라이터돌을 갈아 끼워주고 간단한 수리까지 해주는 노점들을 손쉽게 볼 수 있었지만 지금은 사정이 달라졌다. 우리 동네 근처에는 라이터를 취급하는 곳이 없었다. 몇 군데 잡화점에 들렀으나 허사였다. 그 흔하던 라이터 기름을 구하기가 힘들게 된 것이다. 빈손으로 돌아오는 길에 헛일 삼아 골목 철물점에 들렀다. 뜻밖에도 그곳에서 라이터 기름을 팔고 있었다. 하도 반가워 가격과 상관없이 한 병을 사들고 왔다.

손난로의 겉을 윤기가 나게 정성껏 닦았다. 기름이 충분히 흡수되도록 안쪽에 있는 솜뭉치를 부풀리고, 천천히 기름을 부었다. 시험 발화할 준비를 모두 끝냈다. 드디어 심지에 불을 댕겼다. 오랫동안 사용하지 않아서인지 불꽃 위로 검은 연기가 먼저 피어올랐다. 마치 바람결에 휘날리는 여인의 검은 머릿결 같다. 눈앞에서 머뭇거리던 검은 연기가 이내 주황색 불꽃으로 변했다. 첫인사라도 나누듯 이리저리 흔들리던 불꽃이 차츰 자리를 잡은 듯 가라앉았다. 연소 부위가 어지간히 달구어져 완전 연소를 시작한 것이다. 조심스럽게 뚜껑을 닫고, 붉은 우단 주머니에 손난로를 살며시 집어넣었다. 따스한 열기가 내 손바닥에 와 닿았다.

문득 어머니가 등굣길에 쥐어주시던 '구운 돌' 생각이 떠올랐다. 겨울철이면 어머니께서는 으레 손안에 들어올 만한 반질반질한 돌멩이를 아궁이 바닥에 묻고 밥을 지으셨다. 항상 우리 형제들 몫에 한두 개가 더 묻혀 있었다. 가마솥에서는 기관차의 피스톤 증기처럼 힘차게 김이 새어 나오고, 아궁이에서는 자식들의 등굣길을 녹여줄 돌멩이가 따뜻하게 익어가고 있을 때, 어머니의 마음은 언제나 희망을 향하여 달리는 열차의 기관사였으리라.

하얀 눈이 들판에 가득하고 바람이 매서운 날이면 어머니께서는 알맞게 구운 돌을 손에 쥐여 주셨다. 거기에 토끼털로 만든 귀마개라도 걸고 나서면, 아무리 추운 날에도 어머니의 손길이 하루 종일 나를 감싸주셨다. 책가방을 메고 나서던 내 손에 구운 돌을 쥐여 주시던 어머니 손길이 그립다.

세뱃돈

창문을 활짝 연다. 상쾌한 기운이 눈부신 햇살에 실려 쏟아진다. 명절 기분이 점점 퇴색되어 간다지만, 일 년에 한두 번이라도 제살붙이들이 서로 만나 조상을 기리며 정을 다지는 것만도 퍽 다행이다 싶다.

북적대던 식구들이 모두 떠나고 아내와 명절 뒷정리를 겨우 끝낼 무렵, 전화벨이 울렸다. 초등학교에 다니는 손주가 다급한 목소리로 제 할머니를 바꿔 달란다. 전화를 받던 아내가 몇 마디 말을 주고받더니 수화기를 놓고 문간방으로 건너간다. 잠시 뒤 방에서 나오던 아내가 혼잣말처럼 중얼거린다. 손주녀석이 지갑을 잃어버렸다고.

아내와 합세하여 온 집안을 샅샅이 뒤지고, 심지어 거실의 소파까지 들어내며 찾았지만 허사다. 어제 받은 세뱃돈을 넣어 둔 지갑을 몽땅 잃어버렸으니 어린 마음에 얼마나 아쉽고 허망할까. 이번 설에 받은 세뱃돈으로 할 일도 생각해 두었을 것이고, 친구들을 만나면 자랑도 하고 싶었을 텐데 모두 허사가 되었으니 그 심정 알 만도 하다.

어릴 때, 설의 추억은 세배, 떡국, 설빔으로 이어지다가 제기차기, 연날리기가 떠오른다. 설빔으로 차려준 새옷을 입고 집안 어른께 세배를 드리고 나서, 가까운 이웃이나 친척집을 찾아다니며 세배를 올린다. 방 아랫목에 근엄하게 앉아계신 어른은 세배를 받으시고, 덕담을 들려주셨지만 우리 어린것들 마음은 뒤따라 나오는 세찬에 미리 가 있었다. 세배가 끝나면 동네 양지바른 곳에서 친구들과 제기를 차거나 동네 형들을 따라다니며 꽁꽁 언 논바닥에 나가 방패 연줄을 당겼었다.

좀 자라서는 행동 반경이 넓어져 선생님도 찾아뵙고 친구들 집까지 몰려다녔다. 친구 어머니는 어른스럽게 커가는 자식 친구들이 대견하셨는지 은근슬쩍 가양주까지 가져다주셨다. 우리들은 못 마시는 술을 겁도 없이 마시고, 어른들 눈에 띌까봐 조심스럽게 살펴 다니던 생각이 난다. 우리 어린것들에게 설맞이는 항상 즐겁고 신나는 날이었다. 우리 민속이 어른들을 중심으로 모든 것이 이루어진 것 같지만, 그 중심에는 항상 아이들에게 꿈과 용기를 심어주려는 어른들의 지극한 사랑과 포근한 정이 스며 있었다.

지금은 이웃도 멀어지고 친척도 제각기 떨어져 있으니 세배 다닐 곳도, 세배 받을 사람도 적어졌다. 명절이라고 모처럼 살붙이들이 모인다 하더라도 어른들은 고스톱에 텔레비전 특집 프로나 시청하고, 아이들은 전자게임에 몰두한다. 오순도순 둘러앉아 할머니의 야광귀 이야기를 듣던 모습은 사라진 지 이미 오래다.

얼마쯤 지났을까. 손주녀석이 제 어미와 함께 들어왔다. 모든 식구가 동원되어 다시 샅샅이 찾아보아도 결과는 마찬가지다. 손주녀석은 단념한 듯 힘없이 거실 가운데 서 있다. 제 딴에는 자기 실수로 모든 식구들이 힘들어하는 것이 미안했던지, 오히려 제 할미와 나를 위로해 주었지만 얼굴에는 상심하고 있는 빛이 역력히 나타났다. 내 보기에도 퍽 안타까웠다.

저 녀석을 어떻게 위로해 주어야 할까. 어떻게 하면 저 상실에 대한 아쉬움이 조금이나마 가셔지게 해 줄 수 있을까. 지갑을 열었다. 어제 손주녀석들에게 세뱃돈을 주고 남은 지폐가 한 장밖에 없었다. 힘없이 뒤돌아 가려는 녀석의 등을 다독이며 지폐 한 장을 억지로 쥐여주었다.

얼마나 지났을까. 막 잠자리에 들려는데 손주녀석이 다시 찾아왔다. 한 손에 무엇을 사들고, 상기된 얼굴이다.

"할아버지, 지갑을 찾았어요."

"그래, 다행이구나."

"제 침대 밑에 있었어요."

겸연쩍어하면서 봉투를 내민다. 무엇이냐고 물었더니 '할아버지께서 조금 전에 주신 것'이란다. 잃어버린 지갑을 찾았으니 보상받은 것을 되돌려준다는 갸륵한 마음이다. 생각이 기특하고 이 밤중에 찾아온 것이 대견해서 내가 도리어 사양했지만 손주녀석도 끝내 사양했다. 이제 녀석은 어린아이가 아니었다. 염치를 알고 마음을 절제할 수 있는 반듯한 소년이 되어가고 있었다.

세월은 덧없이 내 나이 한 살을 더해 주었지만, 세뱃돈은 손주녀석의 마음을 한 뼘 더 키워 주었다.

낙숫물 소리

지루한 장마다. 아침부터 내리던 비가 잠시 멈췄다. 창문을 활짝 연다. 후덥지근한 더위가 집안으로 몰려들지만, 그래도 바깥 공기를 마시는 편이 낫다. 잠시 멈추었던 비가 다시 내리기 시작한다. 베란다 의자에 앉아 빗소리에 귀를 기울인다. 빗줄기가 굵어지고 약해지면 낙숫물 소리도 한 박자 늦게 따라 들린다.

학창 시절, 한 학기 여름 방학을 금산사 근처의 촌가 문간방에서 자취한 적이 있다. 석문을 지나 개울가에 있는 조그만 양철지붕 집이었다. 일주문 가까이 있어서 경내에 들어가 소일하기도 하고, 때가 맞으면 예불에 참예도 했다. 종교적인 의미보다 인생의 어느 시기에 홍역처럼 스쳐가는 자신을 찾고자 하는 몸부림이었으리라.

어느 날, 모악산에서 내려오다가 갑자기 소나기를 만났다. 할 수 없이 경내 법당 앞에서 비가 그치기를 기다렸다. 하루 종일 열기로 달아오르던 마당의 흙내가 소나기에 튀어 올라 물씬 풍겨왔다. 시원하게 퍼붓던 장대비가 지나가더니 가랑비로 변해 그칠 줄 모르고 내렸다. 비바람에 춤추듯 떨어지던 낙숫물 역시 제자리를 잡고 차분하게 떨어졌다. 건너편 미륵전에서 스님이 독경하는 소리, 목탁 소리, 낙숫물 소리가 어떤 때는 장중하고 느리게, 또 어떤 때는 한 음계 높은 소리로 조화를 이룬다. 심란했던 마음이 차분히 가라앉았다.

비가 그치고 법당에 불이 밝혀질 무렵, 자취방으로 돌아왔다. 비가 다시 내리기 시작했다. 양철지붕 위에 떨어지는 빗소리에 개울물 흐르는 소리까지 가세하여 어수선하기 그지없었다. 산사에서 차분해졌던 마음이 숙소에 돌아와 다시 심란해졌다.

우리네 전통 가옥의 지붕은 지역에 따라 다소 다르지만 대표적인 것이 초가집과 기와집이었다. 새마을 사업을 하면서 초가집은 자취를 감추었고, 슬레이트집이나 양철집으로 변했다. 지금은 개성 시대라 집도 자기 취향에 따라 예쁘고 편리하게 지어 살고 있으니 지붕도 가지각색이다. 지금 아파트 배수 파이프를 통해 떨어지는 물소리를 들으며 산사의 기와집과 자취방의 양철집. 그리고 옛 우리 초가집의 향수에 젖어 있다.

산사의 기와지붕은 용마루에서 시작된 암키와와 수키와가 짝을 지어 골을 이룬다. 그 골을 타고 떨어지는 낙숫물 소리는 중후하면서도 운율에 맞춰 읊조리는 스님의 독경 소리 같다. 초가집의 처마는 농심처럼 땅을 바라보고 있지만, 기와지붕의 용마루 끝 치미는 이상을 지향하듯 하늘을 가리킨다. 기와지붕은 가람의 격에 따라 지붕의 장식이 다르지만 초가지붕은 이엉 하나만으로 모든 것이 완성된다. 빈틈없이 규칙적으로 나열된 기와지붕에서 과학적, 논리적 이성을 본다면 모나지 않고 두리뭉실한 초가지붕에서는 포용과 따스한 정을 느낀다. 기와지붕이 근엄한 할아버지의 모습이라면, 초가지붕은 할머니의 포근한 가슴이다. 억수같이 쏟아지는 소나기의 노여움도 초가지붕은 소리 없이 가볍게 받아준다.

제멋대로 주절거리며 떨어지는 초가집의 낙숫물 소리는 이런저런 삶의 이야기 같다. 마치 호롱불을 가운데 두고 식구들이 둘러앉아 도란도란 나누는 이야기 소리, 할머니가 다독이며 들려주시던 자장가다. 낙숫물 소리는 그칠 줄 모르는 여운을 남기며 다시 주절거린다. 밭일하다 소나기를 피해 막 들어온 농부의 새참, 어쩌면 아낙이 정성들여 만들어 놓은 지짐이 한 접시, 탁주 한 사발을 연상시킨다.

소나기가 다시 요란하게 내린다. 베란다 구석, 배수 파이프의 물 내리는 소리도 덩달아 요란해졌다. 금산사 촌가의 양철지붕 자취방이 떠올랐다. 양철집의 낙숫물 소리는 지붕에서 먼저 알려온다. 그 소리는 즉흥적이며 세심하게 자연의 변화를 여과 없이 그대로 전달해 주었다. 소나기 내리는 날의 양철지붕은 상쇠의 고갯짓에 신명나게 난타하는 사물놀이 한마당이었다.

가치의 혼재와 문화의 다양성에 낙숫물 소리도 많이 변했다. 옥탑방의 낙숫물 소리에서부터 초고층 건물의 소리도 흔적도 없는 낙숫물까지.

다시 돌아올 수 없는 아쉬움에 펼쳐 본 한여름 밤의 상념이었다.

이름 짓기

사람에게 '이름'이란 무엇인가. 어떤 의미에서는 상대방을 부르는 호칭의 기능보다 사회적인 존재와 인간관계를 형성하는 기본적인 상징성에 더 비중을 두는 것 같다. 사람들은 일생을 바쳐 자기의 이름을 빛내기 위해서 노력하며, 오래도록 기억되고 존경받기를 바란다. 사람들은 이름을 위해서 산다고 해도 과언이 아니다.

주위 사람들은 내 이름을 듣고 별나다고 한다. 학교 다닐 때, 우리 반에 처음 들어오시는 선생님은 내 이름을 가장 먼저 불러주셨다. 그때마다 우쭐했지만 그건 다름 아닌 별난 이름 때문이었다는 사실을 알게 된 것은 한참 뒤의 일이었다. 직장에서, 심지어 은행 거래나 관공서 민원실에서까지 내 이름의 오해로 인한 해프닝이 종종 일어나기도 하지만 이제는 그저 웃어 넘기고 마는 아량이 생기고 말았다. 지금까지 이름 때문에 유명해지고 널리 알려진 것을 감안한다면 부모님이 지어주신 이름이 자랑스럽기 그지없다.

내 이름에는 부모님의 간절한 소망이 담겨있다. 자손이 귀한 집안 장남으로 태어났으니 나에 대한 우리 부모님의 염원은 건강하게 자라서 아들딸 많이 낳는 것이었으리라. 그러나 다산의 의미를 붙여 지어 주신 이름이지만 세월이 변해 '아들 · 딸 구별 말고 둘만 낳아 잘 기르자'는 시대에 혼인 적령기를 맞았으니 선친의 간절한 염원을 본의 아니게 이루어드리지 못한 불효를 저지르고 말았다.

이름에는 어느 가문의 몇 대 손인지, 새로 태어난 아이에게 바라는 부모나 가문의 염원은 무엇인지, 사주팔자에 타고난 품성으로 보아 경계하며 살아야 할 덕목은 무엇인지를 담았다. 이름은 새 생명에 대한 축원이자, 인격 완성을 위한 경구이며, 모자람에 대한 채움이었다. 결코 가볍게 만들어 부른 호칭의 수단만이 아니었다. 우리 전통 사회에서는 사람이 출생하여 죽은 뒤에까지 각 단계에 맞추어 이름을 붙여주었다. 아이가 출생해서 실해질 때까지 부르던 아명, 족보에 올리기 때문에 족보명이라 하고, 출생신고를 할 때 호적에 올리는 호적명이라고도 하는 관명, 성년례를 할 때 지어주는 자字, 오늘날 예명이나 필명 같은 역할을 했던 호號, 그리고 세상을 떠난 뒤 생전의 공적이나 학덕을 기려 임금이 내리신 시호가 있었다.

옛 가례에 따르면, 아이를 낳아 3개월이 지나면 집안의 어른-할아버지-은 항렬자를 넣어 관명을 지어주고, 좋은 날을 잡아 예를 치러준다고 했다. 먼저 어른은 명첩名帖을 정성스럽게 만든다. 명첩에는 부모의 이름과 조상의 본관 성씨와 몇 대 손인가를 적고, 아이의 생년월일, 이름과 이름 전체의 뜻을 풀이한 내용을 쓴다. 마지막에 이름을 지어준 사람을 쓴다. 어른은 친·인척들이 지켜보는 가운데 새 생명의 손을 잡고 이름자에 걸맞게 훌륭하게 자라기를 기원하며, 명첩을 읽어 내려간다. 아이의 부모에게는 이름자와 같이 훌륭하게 잘 키우라는 당부를 한다. 비록 당사자인 어린아기는 백일이 채 지나지 않아 알아듣지 못할망정, 이름을 귀하게 여기고 존중하며 살기를 당부하는 선언적 의미가 더 컸을 것이다. 우리 선조들이 치러오던 가례 중 가장 인본 교육적이었으나, 근래에 들어 거의 자취를 감추었으니 아쉬움을 금할 길 없다.

손자를 보았다. 출산 소식을 듣고 달려갔지만 아직 대면할 수 없었다. 기쁜 나머지 채신머리없이 너무 성급했던 것 같다. 며느리가 순산했다니 그걸로 고맙게 여기고 돌아섰다. 차분히 들뜬 마음을 가라앉히며 '이름 짓기'를 생각해 본다.

앞으로 저 녀석이 살아갈 세상에서 가장 중히 여길 덕목은 무엇일까. 결국 생의 추구하는 가치나 방식의 문제에 귀착되고 만다. 인간의 세속적인 욕구와 개성 시대에 걸맞은 덕목을 나열하고 음미해 본다. 나의 세속적인 염원이 녀석에게 자성예언으로 남아 자칫 호연지기를 해칠 수 있을지도 모른다는 생각이 든다. 그러나 세상의 가치가 어떻게 변하든 인간 본연의 세속적인 가치에 더 마음이 간다. 수복강녕, 부귀영화, 입신양명, 자아실현, 행복한 삶의 의미…….

너무 막연하나 이것이 당연한 일이다. 막연하니까 오히려 더 현실적일지 모른다는 역설이 나온다. 녀석의 이름에 구체적인 염원을 담는다는 것도 어렵겠지만 이름에 길흉화복을 부여하고 뜻을 담는다는 것, 그 자체가 아이를 구속할 수도 있을 것이다. 아이가 자라면서 제 인생의 목표를 스스로 세우고 실현해 나갈 수 있도록 여지를 남겨주는 것, 그것 또한 할아비의 도리가 아닐까. 간절한 염원은 건강한 마음과 몸이다. 부르기 좋고, 친근감을 주는 이름이면 더 좋겠다.

조손祖孫의 귀한 연을 맺고 이 세상에 태어났으니, 내가 먼저 해야 할 일은 최선을 다하여 '녀석'을 경하해 맞이하는 일이다.

잊혀 가는 것들

햇살이 기울기 시작한 오후, 승객 몇 사람을 내려놓고 기차는 떠나 버렸다. 아담한 정거장 건물 앞에 커다란 자연석 시비가 나그네를 맞이한다. '하늘도 세 평이요, 꽃밭도 세 평'이라는 대목이 눈길을 끈다. 이미 오래전에 퇴직했다는 어느 역무원은 광석을 실어 나르는 열차를 관리하기에도 빠듯한 시간에, 짬이 날 때마다 꽃을 심었다. 빠끔히 열린 하늘 아래 그가 만든 세 평 화단 위에는 하늘도 그만큼 내려앉았다. 그는 철길도 가꾸고, 꽃도 가꾸며, 자신의 인생도 꽃밭처럼 예쁘게 가꾸었을 것이다.

승부역을 뒤로하고 북쪽으로 길게 늘어진 철길을 건넜다. 신록으로 짙게 채색된 협곡 사이로 낙동강의 물줄기가 허옇게 거품을 내뿜으며 흐른다. 그 위를 가로질러 매달아 놓은 출렁다리가 아슬아슬하다. 태백 준령의 밑자락이나 한번 걸어보자는 친구들의 한가한 놀음에 따라나선 길이다. 승부역에서 석포역까지의 거리는 이십여 리 정도지만 산모퉁이를 돌고 돌다 보면 두 곱은 더 걸을 것 같다.

강변을 따라 가파른 오르막길을 걷다가 건너편에 있는 마을에 들어섰다. 산자락을 다듬어 만든 밭에는 초여름 물오른 밭작물들이 파랗게 무성하다. 중년의 부부는 들일에 정신이 팔려 지나가는 나그네의 인사도 아랑곳하지 않는다. 반듯하게 타놓은 이랑 끝에는 농기계들이 다음 일 차례를 기다리며 쉬고 있다. 눈 씻고 아무리 찾아보아도 산골의 정경이 눈에 띄지 않는다. 지금이 어느 시대인데 화전에 너와집을 생각했던 미련한 내 생각에 실소하고 말았다.

동네 끄트머리에는 슬래브 지붕에 황토색 벽돌로 지은 노인회관이 있다. 그 뒤편으로 이층 양옥집이 한 채 있고, 마당 한가운데에 민박 안내 간판이 보인다. 골목을 지키던 잡종 개 한 마리가 심심하던 차에 우리를 보더니 목청 높여 알은체를 한다. 한참 서 있노라니 초로의 남자가 창문을 열고 내다본다. 촌티가 아직 몸에 배지 않은 걸 보면 아마도 도시 생활을 접고 휴양 겸 소일 삼아 이곳에 터를 잡은 귀향인 같다.

동네를 벗어나 30여 분은 걸었을 것이다. 굽이굽이 계곡을 따라 시멘트로 포장된 자동차 도로가 이어진다. 먼빛으로 철길이 보이고, 그 아래로 흐르는 낙동강이 시야에 다시 들어왔다. 산굽이를 따라 흐르는 맑고 깨끗한 물소리가 한결 발걸음을 가볍게 한다.

걷다 보면 계곡이나 마을 이름에서부터 이끼로 얼룩진 바위 하나까지도 사연이 있고 전설이 있다. 산행 길에서 처음 만난 자연 부락은 옛적 군인들이 주둔했던 곳이라고 해서 마을 이름이 결둔리다. 전쟁 때 승부가 결정된 곳이라 승부리요, 굽이쳐 흐르는 강물 주위에 크고 기묘한 암석이 많아서 암기동이란다. 오미골, 마무이, 테미네골, 농우골…. 마을 앞 둥구나무 밑에 앉아 이야기를 들려주던 노인네는 담배 한 대 피우더니, 총총히 일어나 가버린다. 좀 더 진지한 이야기를 듣고 싶었지만 그렇게 한가한 생각은 한낱 나만의 욕심에 불과했다.

석포 쪽으로 강변을 따라 걷는다. 가을의 풍성한 숲과 낙동강의 맑은 물이 어우러져 한 폭의 그림 같다. 그런데 상류로 올라

갈수록 강물이 점점 더 흐려지고, 강바닥 돌들이 짙은 녹색으로 변해 가고 있는 게 아닌가. 주변을 살피며 계속 걸었다. 몇 굽이를 더 돌아 석포역과 맞대고 있는 곳에 대단위 공장 시설들이 있었다. 아마도 여기서 흘러나오는 공장 폐수가 원인 같았다. 공장을 건설했을 당시에는 농촌에 일자리를 만들어 주고 우리나라 산업 발전을 뒷받침해 주었던 중요한 시설이었는데, 이제는 환경 보전의 문제를 생각하게 하는 현장이 되고 말았다.

해 질 무렵, 석포역에 도착했다. 고산 지대라서인지 저녁 바람이 아직 차갑다. 오늘 밤은 묵호에서 묵기로 하고 대합실에서 한 시간여를 기다리다가 강릉행 열차에 탔다. 하루에 네 번 나가는 기차 중에 이번이 막차다. 반주로 마신 소주가 과했나, 열차에 오르자마자 잠에 취해 버렸다.

밤늦게 묵호 해변 근처에 숙소를 정하고 바다로 나갔다. 바다 위에 가득한 활기가 온몸을 감싸고 배어든다. 뒤편 언덕바지에서 쏟아 내는 탐조등의 강렬한 빛이 더듬이처럼 해변의 깊숙한 곳까지 스치며 지나간다. 먼바다에서 밀려온 파도는 바위에 부딪쳐 아우성치며 구슬처럼 부서진다. 내일 일정을 생각해서 숙소에 들어가 잠을 청해 보지만 잠을 이룰 수가 없어 다시 바다로 나갔다. 바다 냄새가 좋았고, 이중창 같은 바다와 바위의 함성이 좋았다. 남대문의 정 동쪽이라는 까막바위 앞에 섰다. 곧장 이 길로 가면 남대문에 닿는단다. 소리 없이 밀려왔다가 힘차게 내닫는 파도를 따라나서고 싶은 충동을 느낀다.

아득한 저편으로 한참을 달리던 파도가 아쉬운 듯 다시 돌아온다. 잠시 머뭇거리다가 뒤따라오는 파도에 밀려 나도 함께 망망대해로 나선다. 사람의 숨결이 멀어지고, 태초의 신비함이 가득한 공간에서 내 몸은 깃털처럼 가벼워져 푸른 하늘을 난다. 그러나 웬일인가. 쪽배를 타고 건넜던 미리내도 아랫마을에서 피워 올린 매연에 가려 보이지 않는다. 계수나무도, 방아를 찧던 옥토끼도 인간의 발자국에 놀라 도망쳐 버렸나. 밤길을 떠나려던 나그네는 숨어 버린 샛별을 기다리다가 지쳐 기어이 돌아서고 말았다. 일렁이며 밀려든 검은 파도가 힘차게 치솟아 물기둥을 높이다가 철썩 주저앉는다. 까막바위에 부딪쳐 지르는 함성에 비상하려던 나도 주저앉고 말았다.

숲과 강변과 파도, 산간을 달리는 완행열차, 아직도 옛날 방식 그대로 갈 지之자로 왕복하며 고도를 높이는 동화 속 이야기 같은 철길이 있고, 그 바른편에는 포장된 도로 위를 거침없이 달리는 승용차와 바람처럼 미끄러지듯 흐르는 고속열차가 있다. 느림과 빠름, 과거와 현재, 보존과 개발의 현장을 한꺼번에

전시해 놓은 것 같다.

자연과 현대 과학 문명을 생각해 본다. 개발은 진정 인간을 편리하게만 하는 것일까. 황량한 광석 무더기 속에서 꽃밭을 가꾸던 손길도 생각해 본다. 나는 지금 쉴 새 없이 변하고 있는 문명에 떠밀려 어디론가 가고 있지만, 도무지 감을 잡을 수가 없다. 뒤돌아볼 짬도 없이, 너무나 많은 것들을 잊고 앞만 보고 달려온 것은 아닌지. 더 늦기 전에 옛 고향 동네나 한 번 다녀와야겠다.

Ⅲ
가을 산의 미소

나무 생명

산을 오르다 보면 등산로를 만든다는 구실로 멀쩡한 나무를 자르고 그 자리에 계단을 만든 곳을 흔히 볼 수 있다. 조금 옆으로 비켜서면 될 것을 수십 년이나 자란 나무를 자르면서까지 길을 낸 것을 보면 슬그머니 화가 치밀어 오른다. 등산객들에게는 계단을 만든 사람이 좋은 일을 한 셈이지만 나무 입장에서 생각하면 얼마나 억울한 일인가. 사람처럼 나무도 그가 서 있는 곳에서 생을 누릴 권리가 있지 않겠는가.

유서 깊은 마을에 들어서면 목 좋은 곳에 커다란 둥구나무가 서 있고, 그 나무가 만든 그늘은 마을 사람들의 만남과 소통의 광장이 된다. 이처럼 전통적인 마을은 큰 나무를 우러르며 함께 이웃하고 살기에 정이 넘치고 마음의 여유가 있었다. 가정을 지켜나가는 데도 마찬가지였다. 옛 어른들은 집을 짓거나 출산 같은 경사스런 일이 있으면 나무를 심고 기렸다. 선비는 자신의 신조를 독야청청하는 낙락장송에 비유하여 절개를 지키는 정신적 지주로 삼기도 했다. 나무를 심고 가꾸는 것은 삶의 의지를 북돋으며, 생활을 풍요롭게 하려는 선조들의 지혜였다.

현대인들은 천혜의 자연을 허물고 아파트를 짓는다. 나 역시 아파트에서 편리함에 안주하며 일상을 즐긴다. 외형은 친환경적이고 견줄 데 없이 편리하다고 하지만 물질적 풍요가 가져다주는 정신적 일탈을 생각하면 씁쓸하기 그지없다. 공기 속에 살면서도 공기의 고마움을 잊고 지내듯이, 나무숲 안에 살면서도 나무의 고마움을 느끼지 못한다.

최근 생명의 숲 가꾸기, 녹색성장 운동 등 자연과 사람이 공존하는 상생의 환경 보호 운동이 활발하게 전개되고 있는 것은 늦었지만 다행스러운 일이다. 사람들이 숲에 관심을 가지고 숲을 보호한다는 것은 자연과 인간이 함께하는 건강한 사회를 만들어 가려는 과정이며, 단순히 환경 보전의 차원이 아니라 사람들의 영혼을 맑고 순수하게 만드는 청량제이다. 우리 조상들이 나무를 대하는 마음은 항상 이러한 염원의 발현이었다.

보은 속리산 법주사 어귀에는 천연기념물로 지정된 수령 600년 된 소나무가 있다. 조선시대 세조 임금님이 법주사로 행차할 때 타고 가던 어가가 이 소나무 가지에 걸릴 위험에 처하자 소나무는 스스로 가지를 번쩍 들어올려 무사히 통과하게 했다. 이런 공적으로 이 소나무는 지금의 장관 급에 해당되는 정2품 벼슬을 받아 '정이품송'이라고 불린다.

정이품 소나무는 그에 얽힌 이야기도 재미있고, 모양이 우아하고 아름다워 많은 사람들에게 사랑을 받아왔다. 그러나 나무 앞쪽으로 시멘트로 포장된 도로가 나면서 자동차 매연 등 공해에 시달리다가 결국 병이 깊어지고 말았다. 사람들은 나무를 보고 즐길 줄만 알았지 나무 생명 자체를 보호하고 가꾸는 데는 소홀하였던 것이다. 뒤늦게나마 관계 당국이 나서서 고사목 신세는 겨우 면했으나, 결국 한쪽 가지를 대부분 잃어버리고 말았다. 반쪽 남은 정이품송 앞을 지날 때마다 예전의 아름다운 모습을 다시는 볼 수 없다는 아쉬움과 허전함을 느끼지 않을 수 없다.

나무 생명의 존엄성을 일깨운 또 하나의 성공사례가 있다. 청주에서 속리산으로 가는 길가의 병암마을 버드나무 이야기다. 마을 앞의 3백여 년 묵은 버드나무 다섯 그루가 도로를 확장하면서 베어 버릴 위기에 처했다. 이 사실을 알게 된 마을 주민과 나무를 사랑하는 문인들이 시공업체를 설득하고 설계를 변경하여 가까스로 나무들을 살려 낼 수 있었다. 나무를 공사장 한가운데에 그대로 둔 채 공사하기가 힘들었겠지만 그 나무들이 사람들에게 끼친 정서 순화의 가치는 추가 공사비에 견줄 수 있겠는가. 나는 병암리 버드나무를 살려낸 아름다운 정신이 나무 생명을 일깨우는 좋은 본보기가 되었으면 한다.

나무숲에서 사람이 살고, 사람 속에서 나무가 산다. 어떤 나무는 살아서 천 년, 죽어서 천 년을 산다고 한다. 나무가 잘살 수 있도록 가꾸고 보호하는 일, 그것은 결국 인간의 삶을 풍요롭게 가꾸는 일이 아닐까.

가을 산의 미소

가을 산의 모습은 어머니의 미소 같다. 화려했던 들꽃들은 하나 둘 시들어 가고, 곱게 물든 이파리는 계곡을 스치는 바람으로 스산하다. 마대산의 가을 숲은 모든 것을 주고 떠나는 어머니처럼, 풍성한 열매를 남기고 낙엽 속으로 서서히 사라져 간다.

난고蘭皐 김삿갓 유적지를 찾은 것은 가을 햇살이 서쪽으로 기울기 시작하는 무렵이었다. 노루목 주차장을 출발하여 한걸음에 김삿갓 묘역에 닿았다. 커다랗게 복원된 묘소 앞에는 김삿갓의 기구한 삶처럼 다듬어지지 않고 투박스럽게 생긴 상석이 있고, 약간 비켜선 앞으로 '詩仙 蘭皐 金炳淵之墓'시선 난고 김병연지묘라고 새겨진 비석이 서 있다.

왔던 길을 되짚어 발길을 돌렸다. 당집을 지나 왼쪽으로 어둔이 계곡을 따라 삼십여 분을 올라갔다. 계곡 중턱에 자그마한 초가집이 보였다. 앞마당 가장자리에는 야트막한 돌담이 둘러쳐 있고, 그 아래로 개울물이 재잘거리며 흐른다. 최근에 복원된 김삿갓 주거 유적지다. 안내판에는 "발견 당시, 이 집 본채 자리에서 철거한 목재는 화전촌의 보통 집들과 달리 정교하게 다듬어져 있어, 안주인이 양반 댁의 안목 있는 주부였음을 짐작할 수 있다."고 적혀 있다. "양반 댁의 안목 있는 주부"는 다름 아닌 김삿갓의 어머니였다.

현재 마대산 일대는 관광 휴양지로 개발되어 많은 사람들이 드나들지만, 난고 일가가 이곳에 터를 잡았을 때만 해도 세상과는 거리가 먼 첩첩산중이었을 거라는 생각이 들었다. 집 모퉁이를 지나 뒤편으로 한바퀴 돌았다. 어떤 유물이나 흔적은 당연히 찾을 수 없었지만, 이곳에서 고뇌의 나날을 보냈을 사람들의 채취를 조금이나마 느낄 수 있었다. 개울가로 내려가 땀을 가신다. 산새들이 사방에서 지저귄다. 이곳 어딘가에 주저앉아 회한의 눈물을 흘리고 있는 여인의 환상에 빠져들었다.

당대 명문 세도가의 며느리에 간택될 정도라면 몸종 거느리며 부족한 것 없이 곱게 자란 규수였을 것이다. 여인은 좋은 배필을 만나 아들 삼형제를 두고 행복하게 살고 있었다. 그러던 중에 시아버지가 홍경래 역모와 관련되어 세상에서 가장 끔찍한 죽임을 당하고, 시어머니와 아낙네들은 관가로 끌려가 노비 신세가 되었다. 다행히 철부지 어린 두 형제는 주위의 도움으로 화를 면했지만, 끝내 젖먹이 막내를 잃고 말았다. 지체 높은 집안이 하루아침에 무너지고, 식솔들은 모두 뿔뿔이 흩어졌다. 여인은 보통 사람으로서는 감당하기 힘든 불행을 오직 자식들을 위하는 마음으로 헤쳐 나갔다.

몇 년이 지나 멸족의 형이 감해졌다. 숨어 살던 가족들은 다시 상봉하는 기쁨을 가졌으나 그 기쁨은 순간에 지나지 않았다. 아직은 폐족으로서 주위 사람들의 멸시와 차가운 눈초리는 발붙일 곳을 어렵게 만들었다. 난고의 가족들은 이곳저곳으로 옮겨다니다가 마침내 이곳에 터를 잡았다. 난고 일가의 생활은 말할 수 없이 어려웠다. 엎친 데 덮친 격으로 남편은 역경을 이겨내지 못하고, 어린 자식과 여인을 남겨둔 채 먼저 세상을 떠났다. 가장을 잃은 미망인으로서 이제는 모든 것이 여인의 몫이 되고 말았다. 여인은 철부지 어린 자식들을 앞에 두고 삶의 의미를 되새겨 보았다. 자기가 할 일이 무엇이며, 어떻게 살아야 할 것인가를.

호구지책도 감당하기 힘든 형편에서, 여인은 모든 고난을 무릅쓰고 난고를 모질게 채근하여 장원에 이르게 했다. 장원 급제라는 관문에 들어서면서 지금까지의 어려운 생활이 끝나고, 찬란한 미래가 약속되는 듯했다. 난고가 장원의 영광을 어머니에게 안겨드리는 순간, 여인은 그 영광이 자기 조상을 욕되게 한 것이라는 것을 알게 되었다. 뒤늦게나마 여인은 용기를 내어 지금까지 숨겨 온 할아버지의 행적과 가족사를 말할 수밖에 없었다. 난고는 씻을 수 없는 죄책감과 미래에 대한 좌절로 힘겨운 나날을 보냈다.

생각 끝에 난고와 식솔들은 폐족으로서의 분수를 지키며, 언제나 맑은 물이 흐르는 이곳 어둔이골에서 하늘을 등지고, 업業을 풀며 살기로 다짐했다. 그러나 한번 시위를 떠난 화살처럼, 난고는 어머니의 가르침에 고분고분 따르던 옛날의 자식으로 되돌아오지 않았다. 여인은 마음을 다잡지 못하고 방황하는 아들을 보면서 지나온 날들을 뒤돌아보았다. 아예 잃어버린 아들이었다면 가슴에 묻고 말았으련만 어느 날 갑자기 꿈같이 나타나서 바람처럼 다시 사라지는 아들을 보고, 진정한 인간의 도리가 무엇인가도 고민하였다.

남다른 재능을 보이며, 파릇하게 돋아나는 새싹처럼 잘 자라고 있는 아이들에게 어찌 할아버지의 죄상을 낱낱이 일러주어, 우듬지를 꺾을 수 있었겠는가. 그렇게 하기에는 너무나 안타깝고, 한편으로 억울하였을 것이다. 때로, 여인은 처음부터 자녀들에게 가족사를 이야기하고, 역적의 후손으로 속죄하며, 평범한 사람으로 살아가는 길을 가르치지 못한 것을 후회하였을지도 모른다. 또 어느 때는 생각을 바꾸어, 자기 후대에서는 가문의 영예를 회복하여 옛 영화를 되찾으려는 다부진 각오도 하였을 것이다. 분명한 것은 자신의 모든 것을 희생하면서까지 아들, 손자, 며느리를 거느리고 여느 여인처럼 오순도순하게 살기를 거부했다. 여인은 자녀들에게 희망을 주고 모질게 채근하여 끝내 학문을 성취시켰다.

한번 둥지를 떠난 난고는 가정과 세상으로 끝내 돌아오지 않았다. 천하를 주유하며 날카로운 풍자와 재치로 탈선한 사대부들의 위선을 질타하고 비아냥거림으로써 자신과 민초들에게 청량제처럼 시원한 카타르시스를 안겨주었다. 누구의 발상인지는 몰라도 그의 공적을 인정하고, 시선詩仙이라는 작위를 만들어 등극까지 시켰으니 얼마나 다행스러운 일인가. 여인은 지하에서나마 이처럼 훌륭한 자식을 둔 어머니로서 자랑스러워 하고 있을 것이다.

여인은 난고의 인생과 학문의 스승이며, 시선이라는 큰 나무를 기른 숲이었다. 나는 여인에 대한 연민의 정을 가슴 가득히 안고 산을 내려왔다. 가을 산은 어머니이고, 그 품에서 붉게 타고 있는 만산홍엽은 자식들을 보듬은 어머니의 미소가 아닐까. 그러나 그 미소는 화려한 색깔 뒤에 숨은 슬픈 미소이며, 쓸쓸히 떠나는 어머니의 뒷모습이다. 김삿갓의 시혼이 미소로 깃든 마대산 단풍은 그래서 더 아름다운지도 모른다.

한라산

아침 일찍 성판악을 출발했다. 보통 빠르기로 8시간 걸린다니 비교적 여유 있는 산행이다. 한겨울 눈 덮인 산기슭의 상큼한 공기는 몸과 마음을 상쾌하게 씻어준다. 숲 속의 나무들은 아침 햇살에 반짝이는 눈으로 흠뻑 싸여 있고, 그 사이로 난 터널 같은 길은 마치 동화 속의 설국 같다. 속밭을 지나 평탄하고 완만한 경사로 이어지던 길이 사라악부터 제법 급한 경사가 시작되었다. 진달래밭에 있는 조그마한 대피소는 발 디딜 틈도 없이 등산객들로 붐볐다. 대피소 앞뜰에서 따뜻한 차 한 잔으로 몸을 녹이고, 입산 제한 시간을 1시간이나 앞당겨 여유 있게 출발했다.

구상나무 군락지를 지났다. 정상에 가까워질수록 숨이 차오르지만 설원에 펼쳐진 경관에 힘든 줄 모르고 산행을 계속했다. 능선을 스쳐온 바람이 점점 사납게 눈보라를 만들더니, 이내 하늘 높이 휘몰아 오른다. 산천경개를 조망이라도 하듯 천천히 허공을 선회하던 눈보라는 다시 큰 폭으로 장관을 이루다가 사라지곤 한다. 산등성이 이쪽에서 저쪽으로 휩쓸고 몰아치는가 하면, 시야에 들어오는 모든 경관이 눈보라에 휩싸이기도 한다. 마치 설산의 거인이 큰 숨을 들이쉬고 내쉬며, 긴 소맷자락을 늘어뜨리고 흥에 겨워 어깨춤을 추고 있는 것 같다.

한참 더 올라가 마지막 급경사에서 잠시 숨을 돌렸다. 갑자기 주위가 어두워지면서 숨쉬기조차 어렵게 눈보라가 몰아친다. 아내는 힘겹고 겁에 질려 다시 주저앉고 말았다. 정상을 눈앞에 두고 포기할 수 없었다. 턱밑까지 차오른 숨을 잠시 고른 뒤, 다부지게 아내의 손을 잡고 정상을 향했다. 바람이 더 거세져 몸을 가눌 수 없다. 낮은 포복 자세로 겨우 기어 올라가 아래쪽을 내려다볼 수 있었다. 백록담의 바닥이 어렴풋이나마 모습을 드러냈다. 전설의 하얀 사슴이나 신선 대신, 눈보라가 바닥을 가리고 있어 그나마 신비를 간직하고 있는 듯했다. 그

래서 옛 선인들은 하얀 사슴이 모인 것 같다고 백록白鹿이라고 했나 보다.

전망대를 조금 비켜섰다. 검은 구름 사이로 쏟아지는 햇빛이 설원에 무늬를 그리며 빠르게 지나간다. 온몸으로 깊이 숨을 들여 마시며 사방을 둘러본다. 나는 어느덧 황홀한 한라의 설경에 동화되고 있었다. 정신없이 셔터를 눌렀다. 아내는 경이로운 광경에 탄성을 지르고 말았다. 여기까지 오면서 느꼈던 육체적인 고통과 그간의 불만을 한꺼번에 날려버린 듯했다.

그것도 잠시, 우리가 누리고 있는 정상의 환희를 더 이상 지속할 수 없었다. 허공에 떠 바람을 몰고 신선이 되어 하늘에 오른다는 옛 시인의 마음을 남겨두고, 아쉽지만 정상에서 내려가기로 했다.

내려가는 길은 조금 전에 오르던 길인데도 전혀 다른 정취를 더해주었다. 계곡 아래에서 시작한 바람은 점점 더 큰 회오리가 되어 솟구쳐 오른다. 눈을 실은 회오리바람은 여러 가지 모양을 만들고, 이내 구름 사이를 넘나드는 햇빛에 반사되어 각양각색의 만물상을 연출한다.

바로 그때, 내 오른편 너머에 광풍이 휩쓸고 지나가며 만든 용솟음이 그대로 형상화되어 있지 않는가. 카메라 앵글을 이리저리 맞췄다. 그때마다 또 다른 장면이 연출되고…, 그 장면을 따라잡으려고 옆으로 조금 비켜선다는 것이 그만 잘못되어 넘어지고 말았다. 눈에 덮인 나무 계단 가장자리에서 미끄러져 허공으로 빠져버린 것이다. 가까스로 난간에 걸려 추락은 면했지만 눈구덩이에 빠져 허우적거리는 내 처량한 모습은 지나던 등산객들에게 큰 구경거리가 되고 말았다. 정신을 가다듬고 겨우 눈구덩이에서 헤쳐 나왔다. 오른쪽 무릎을 부딪친 것 같았다. 심한 통증으로 한 발짝도 옮길 수 없었다. 아내는 걱정스러운 얼굴로 나를 바라보고 있었다. 경황 중에도 손에 움켜쥐고 있던 카메라가 내 품속에 안전하게 있다는 것이 다소나마 나를 위로해 주었다. 무릎 통증이 계속되었다. 아내는 눈밭을 헤치고 숲에 들어가 나뭇가지를 하나 구해다 주었다. 내가 가지고 있던 카메라 짐 일부를 아내가 짊어졌다. 나뭇가지를 지팡이 삼아 안간힘을 다하여 진달래 대피소에 도착했다. 이곳에서 구조헬기를 요청하든가 아니면 이대로 하산할 것인가를 결정하여야 했다. 감각이 마비되었는지 통증이 조금 가시는 듯했다. 이대로라면 주차장까지는 갈 수 있을 것 같았다.

내려가는 길은 좁고 미끄러운데다가 앞서 가려는 사람에게 길을 피해주느라 생각했던 것보다 어려웠다. 얼마 가지 않아서 후회하였지만 다시 올라갈 수는 없었다. 눈구덩이에 빠졌던 다리 전체에 통증이 다시 오기 시작했다. 급하게 꺾어 만든 지팡이는 손잡이 부분이 날카로워 끼고 있던 등산 장갑을 뚫고 손바닥에 물집을 냈다. 급기야 내가 메고 있던 카메라 짐마저 아내가 모두 짊어지게 되었다. 자기 한 몸 건사하기도 버거운데 내 짐까지, 그것도 평소에 심히 못마땅하게 여기던 카메라 짐을 몽땅 도맡았으니 육체적 고생은 말할 것도 없고 마음고생까지 오죽이나 했을까? 어제 아침, 산행한다는 사람이 등산장비는 그만두고 카메라 장비만 잔뜩 짊어지고 나서는 것을 보고 몹시 못마땅해 했던 아내의 심사를 이해할 만도 하다. 아내의 사투에 가까운 부축을 받으며 겨우 산에서 내려왔다.

마지막 항공편으로 집에 도착한 것은 밤 열 시가 훨씬 넘어서였다. 그때까지도 무릎 부위는 부어오르지 않고 통증만 계속되었다. 어쩌면 골절이 아닐 것이라는 미련한 생각에 집에 있던 파스를 겹겹으로 붙이고 하룻밤을 지새웠다.

아침 일찍 동네 병원에 들렀다. 무릎의 무슨 돌기 뼈–전문용어로 무어라 했지만–에 금이 갔으니 조금만 더 충격을 가하거나 무리하면 매우 심각한 상태가 될 수도 있다는 엄청난 경고를 받았다. 젊은 의사는 사고의 자초지종을 듣더니 진지한 표정으로 '다 알 만한 분이, 이런 무모한 짓을 했느냐.'며 훈계조로 책망을 했다. 나의 만용에 대한 징벌은 깁스를 하고 거의 6주간이나 계속되었다.

지금 창밖에는 작년 이맘때처럼 함박눈이 사뿐히 내리고 있다. 눈에 덮인 한라산의 아름다움을 회상하며, 역시 산은 오를 때보다 내려갈 때 조심하라던 친구의 귀띔을 되새긴다. 그래서 인생도 올라갈 때보다 내려갈 때 더 조심해야 한다고.

돌아오는 봄, 진달래꽃이 만발할 때 다시 한 번 한라산에 다녀와야겠다. 카메라 대신 아내의 손을 잡고, 올라갈 때보다 내려올 때 조심하면서.

명의名醫를 기다리며

여보게! 자네와 함께한 지 어언 10여 년이 가까워 오네. 예기치 못했던 일이라 당황했지만 어차피 헤어질 운명이라면 이별주라도 한잔 나누며 회포를 푸는 것이 정리가 아니겠는가.

동네 뒷산이나 어슬렁거리던 터에 세상에서 가장 높은 산자락이나 한 번 가 보자는 산 벗들의 권유를 받고 산행을 준비할 때였지. 우리 산 대장이 필수 장비라면서 자네를 알선해 준 것이 우리의 첫 만남이었네. 지금 생각해보면 참 어색하고 그리 달갑지 않은 만남이었지. 거기에는 나름대로 몇 가지 사연이 있었다네. 내 본디 소심하여 남에게 함부로 정을 덥석 주지 못하는 성품 탓도 있지만, 자네 역시 첫인상이 새침데기 같았네. 외모는 명아줏대 청려장도 아니요, 그렇다고 중절모를 쓴 멋쟁이 신사가 팔에 걸고 다니는 단장도 아니었다네. 더구나 지팡이는 나이 지긋한 사람이나 짚고 다니는 것쯤으로 알고 있는 우리네 정서에서 내 나이에 자네를 가까이하기가 그리 쉽지 않았던 것이지. 좀 더 솔직히 고백한다면 남보다 체력도 썩 좋지 않은 주제에 벌써부터 지팡이를 짚고 산에 오르내린다는 것을 남에게 보여 주기 싫은 허세도 아마 있었을 걸세. 그러나 우리는 큰 산에 다니며 생사고락을 함께하면서 서먹했던 사이도 차츰 가시고 때로는 전우애 비슷한 감정마저 은근히 발동하여 결국 자네를 내 친구로 받아들이기로 했었지.

친구로 맞이하기로 작정을 했으니 우선 정식 통성명부터 해야 하지 않았겠나. 내 이름은 익히 알고 있을 터, 자네는 태어날 때 이미 그럴듯한 이름이 있지만, 그래도 나만이 부를 수 있는 이름이 하나쯤 있었으면 좋겠다는 생각이 들었네. '지팡이'라고 하면 너무 촌스럽고, '단장'은 호사스럽다고나 할까. 그렇다고 '등산용 스틱'이라면 성씨도 없이 너무 흔한 이름이 아닌가. 자네는 근본이 서양인데다가 나하고는 산 때문에 인연을 맺었으니 성씨는 산의 정기를 닮자고 '산'이라 하고, 이름은 서양식으로 '스틱', 그래서 '산 스틱'이라 부르기로 했었지. 국제화 시대에 서양 친구 하나 옆에 있는 것도 좋은 일이라고 생각했었네.

산 스틱!

작명례를 치르고 나니 자네가 더없이 든든하고 정겨울 수가 없었다네. 숲 사이를 비집고 나온 아침 햇살이 자네의 날렵한 몸체에 내려앉아 빛날 때, 나는 괜히 자랑스럽고 온몸에 힘이 샘솟았지. 함께하는 날이 더해질수록 자네는 나에게 많은 것을 안겨 주었네. 행여 산에 오를 마음이 약해질 때는 용기를 북돋아 주고, 위험한 경지에서는 침착함을 잃지 않도록 나를 지탱해 주었지. 말은 쉽게 앞세우면서도 실천하기 어려운 희생정신을 자네는 솔선수범으로 가르쳐주기도 했다네.

그뿐인가. 자네는 호기 있고, 풍류도 제법이었네. 오르막길을 오르다가 평지 숲길이라도 만나게 되면 우리는 더불어 흥겹게 발걸음을 맞추었지. 안간힘을 다하여 정상에 오르기라도 하면 자네는 내 머리 위로 먼저 올라가 환희의 찬가를 힘차게 울리지 않았던가. 그러나 호사다마라고, 언제나 좋은 일만 있었던 건 아니었네. 돌너덜길에서 넘어지고, 빙판에 미끄러져 가까스로 위험을 모면한 적이 어디 한두 번이었겠나.

작년 가을인가. 팔공산 등산에서 자네가 아니었다면 큰일을 당할 뻔했었지. 급하게 경사진 길을 내려오다가 내 뒤에 오던 산 벗 한 사람이 돌부리에 걸려 넘어지면서 갑자기 밀치는 바람에 나는 중심을 잃고 엉겁결에 자네를 붙잡았고, 자네는 재빠른 몸놀림으로 앞에 서 있던 나무에 발을 걸어 우리 모두 무사할 수 있었지.

지난겨울, 강원도 산행 때는 또 큰 신세를 지고 말았네. 방향을 잃고 눈보라 속을 헤매고 있을 때, 눈밭을 지나 저만치 앞에 낙엽으로 덮여있는 곳이 희미하게 보였네. 어렵사리 그쪽으로 건너가 발을 내딛는 순간, 낙엽 밑에 얼어붙어 있던 빙판에 미끄러지고 말았지. 한 번 미끄러지기 시작한 내 몸은 점점 속도가 붙어 활강경기 선수처럼 눈발을 휘날리며 미끄러지고 있었네. 그때 자네는 위험을 무릅쓰고 옆에 서 있는 나무 사이로 태클을 걸어 나를 구해 주었지. 정신을 가다듬고 살펴보니 서너 길 낭떠러지가 바로 눈앞이었어. 생각하면 정말 아찔한 순간이었네.

팔공산에서 입은 상처는 그런대로 대충 마무리했지만, 이번 상처는 몸통 부분에 중상을 입어 내 솜씨로는 해결할 수 없을 것 같았네. 각방으로 수소문한 끝에 자네를 출생시킨 회사를 찾아 전화를 했더니 흔쾌히 가져오라고 하더군. 희망을 안고 영업점을 찾아 갔었지. 예쁘장한 아가씨가 친절하게 맞이해 주었네. 아가씨는 자네 상태를 대충 살펴보다가 내 얼굴을 빤히 쳐다보더니 너무 구형이라 수리할 수가 없다네그려. 겉으로 표현은 안 했지만 아가씨의 속마음은 낡고 흔해 빠진 것 버리고 새것으로 하나 살 것이지 좀스럽게 이걸 어디다 대고 말도 거창하게 A/S냐 이거겠지. 10년, 20년이 지났어도 자기들이 만들어 낸 상품은 자기들이 수리해 주고 점검해 주는 것이 진정한 의미의 A/S가 아니겠는가. 자네의 짝은 아직도 멀쩡하고, 자네 역시 몸통만 조금 보완하면 될 것을 강제 퇴역시켜야 한다고 생각하니 서글프기 그지없었네. 고쳐주어야 할 사람이 고쳐주지 않는 것도 문제지만 걸핏하면 거리낌 없이 모든 것을 쉽게 바꾸려는 세태가 야속하기만 했지. 시중에 떠도는 우스갯소리로 출세하면 제일 먼저 명함을 바꾸고, 다음에 차를 바꾸고, 친구를 바꾸고……, 종당에는 아내까지 바꾼다고 하지 않던가. 설마 그러기야 하랴만.

집에 돌아오면서 아무리 생각해 보아도, 자네와 이대로 헤어질 수 없었네. 명을 다했으니 까짓것 모르는 척 바꿔 치우면 그만인 것을 웬 수선을 떠느냐고 할지 모르지만 우리들의 인연을 어찌 그리 가볍게 마감할 수 있단 말인가? 이런저런 궁리 끝에 '이걸 만든 사람도 있는데 이 정도 부상쯤이야 내가 해결할 수 있지 않을까.'라는 생각이 들었네. 집에 당도하자마자 연장통을 꺼내 놓고 비장한 마음으로 거사(?)를 시작했지. 이리저리 당기고, 휜 곳을 바로잡고, 정성을 다하여 내가 할 수 있는 짓은 다 했다네. 드디어 모든 것이 뜻대로 잡혀가는 듯했는데, 아뿔싸! 손잡이를 지탱하고 있는 꼭지가 통째로 떨어져 나갔지 무언가. 순간 내 몸의 일부가 떨어져 나가는 듯 한 통증을 느끼며, 얼른 꼭지를 주어 손바닥에 올려놓고 입김을 불어 넣었지. 참 어리석고 침착하지 못한 행동이었지만 그때의 애석하고 안타까운 마음을 무어라 형언할 수 있겠나. 내 능력의 한계를 느끼며 어쩔 수 없이 치료를 중단할 수밖에 없었다네.

우리들의 인연이 이제 다한 것 같구먼. 그래도 단념할 수 없어 내일을 기약하며 자네를 내 사물함에 고이 간직하기로 했다네.

산 스틱! 편히 쉬시게나. 언젠가 명의名醫가 나타날 그때까지.

덕유산 산장의 팡파르

폭우가 내릴 거라는 예보가 있었지만, 계획대로 덕유산 산행 길에 나섰다. 덕유산은 자연과 어우러진 모습이 계절에 따라 제 나름으로 특색이 있고, 산행 길도 예전과 달리 곤돌라를 이용할 수도 있어 종종 오르는 산이다.

덕유산에 곤돌라가 설치되기 전, 친지 부부와 함께 덕유산 산행을 한 적이 있다. 향적봉과 칠봉 사이에 펼쳐진 설경이 장관이라는 하산객들의 말에 칠봉 쪽으로 등산로를 잡았다. 발목을 덮는 험한 눈밭 길을 겨울 산행 장비도 제대로 갖추지 않고 나선 만용이었다. 미끄러지고 넘어지며 거의 기진맥진한 상태에서 마지막 한 등성이를 막 넘어섰을 때 나타난 설경의 황홀함과 환희의 순간을 지금도 잊을 수가 없다.

매점에서 간단한 대용식을 준비하고, 곤돌라에 탑승해 설천봉에 도착했다. 향적봉이 손에 닿을 듯 다가선다. 일기예보 탓인지 간간이 지나가는 등산객들이 바쁘게 움직인다. 끝없이 겹쳐져 이어진 산마루며, 비를 머금은 채 서서히 몰려드는 구름이 오히려 신비로운 별천지로 안내하는 것 같다.

대피소에 도착했다. 관리인이 주위를 정리하다가 우리를 맞이한다. 오늘 예약했던 등산객들은 모두 일정을 취소했고, 우리 부부만 남았단다. 잠시 망설이다가 아내와 서로 눈이 마주쳤다. 옛날 칠봉 쪽으로 넘어오던 눈밭 길이 떠올랐다. 오늘 밤 아무리 폭우가 쏟아진다고 해도 그때 고생만이야 하겠는가. 옆에 있던 아내도 나와 같은 생각이었는지 그냥 하루 묵기로 쉽게 결정해 버렸다. 2층 건물로 된 대피소에서 우리는 위층의 중간쯤, 머리맡에 조그만 창이 있는 곳에 자리를 정했다. 마치 아담한 거실을 갖춘 산장 같았다. 이제 대피소는 산행 중에 재난을 피해 쉬어가는 곳이 아니라, 우리에게는 훌륭한 산장이 된 것이다.

여장을 풀고 산장을 나섰다. 밀려오던 먹구름이 잠시 멈칫

했다. 숲 사이로 난 샛길을 따라 걷는다. 마주치는 사람도 없이 호젓한 길이다. 들꽃들이 지천이다. 아내는 까마득히 잊고 있었던 꽃이며 나무 이름을 흘러간 추억처럼 어렵사리 더듬거리며 생각해 낸다. 숲에서 벗어나 덕유평전에 들어섰다. 탁 트인 평원에는 막 피어오르기 시작한 원추리 꽃봉오리가 잔잔한 바람결에 속삭이듯 손짓한다. 중봉 전망대에서 땀을 식히고 걸어왔던 길을 되짚어 내려오다가, 아름드리 큰 주목 앞에 잠시 멈추었다. 한 왕조의 역사보다도 더 오랜 시간 이 자리에 서 있는 것이다. 용틀임하듯 휘어 올라간 몸체와 무성하게 뻗어나간 가지가 막 깃들기 시작한 어둠에 싸여 어찌 보면 신령스럽기까지 하다. 아내가 표지판에 쓰여 있는 글귀를 중얼거리듯 읽다가 끝을 흐린다. 자신의 염원을 주목에서 찾아보려는 것일까.

내일이 아내 회갑이다. 요즘 세상에 회갑연을 내세우는 사람이 어디에 있겠는가마는 나는 아내에게 무언가 특별한 선물을 챙겨주고 싶었다. 별들이 가득한 산상의 밤하늘도 좋고, 도심의 불빛이 사라진 원시의 숲도 좋았다. 그곳에서, 지금은 무디어졌지만 한때는 부풀어 있었던 청춘의 꿈도 되새겨보고, 두근거리던 마음도 다시 찾고 싶었다. 아내는 나를 만나 지금까지 이놈의 못된 성정을 뒤치다꺼리하느라 얼마나 마음 졸이며 속을 태웠던가. 좌충우돌하는 젊은 날의 나를 늘 지켜주고 어려운 고비마다 힘이 되어 주었다. 그래도 자식들 모두 성가시켜 손주를 다섯이나 두었으니 이제 마음도 열고, 못다 한 멋도 부림직하건만 옛날이나 지금이나 다소곳한 아내를 볼 때마다 내 마음이 편치 않았다.

숲길을 벗어나자 저만치 발 아래로 산장의 불빛이 바람결에 깜박인다. 우리 부부의 지나온 인생길처럼 울퉁불퉁 파인 샛길을 조심스럽게 더듬거리며 산장에 도착했다.

조금 전에 마련해 놓은 보금자리로 올라가 둘만의 잔치를 준비했다. 하객은 이러한 분위기만으로도 충분했다. 천장에 매달려 있는 침침한 백열등 대신 준비해 간 촛불을 밝혔다. 숙연한 분위기에 한동안 침묵이 흐르고, 촛불 너머로 우리는 무언의 대화를 서로 주고받고 있었다. 아내의 상기된 얼굴이 밝게 빛났다. 챙겨간 유리잔에 진홍빛 와인을 채웠다. 천천히 잔을 들어 부딪쳤다. 촛불에 흔들리는 그림자가 추억처럼 너울거린다. 몇 순배가 더 오갔다. 밤이 깊어 갈수록 지난날의 회포가 새롭게 떠올랐다. 노란 꽃으로 너울거리던 덕유평전의 넉넉함과 수백 년을 우직하게 한 자리를 지키고 있는 나무를 생각하며, 아내의 손을 꼭 쥐었다. 따스한 체온이 내 가슴속 깊숙이 스며들었다. 지금 밖에는 가뭄을 해갈하는 단비가 힘차게 쏟아지고 있다. 아내의 회갑연을 축하해 주는 팡파르처럼.

석굴법당에서

칠선계곡에서 내려와 서암정사로 가는 길, 염천의 열기에 숨이 턱까지 닿는다. 입구에는 이곳을 중심으로 6·25때 활동했던 공비에 관한 내용을 소개한 안내판이 서 있다. 빨치산 토벌작전 때 많은 젊은이들이 숨진 곳이다.

전쟁이 끝나고 세월이 흘러 그 상흔이 잊힐 만한 시절에, 어느 스님이 이곳을 지나다가 구천을 헤매고 있는 '원혼들의 비탄어린 울부짖음'을 들었다. 스님은 전쟁 통에 폐허가 된 암자를 복원하고 뒤편에 있는 바위산에 굴법당을 조성하였다. 스님은 이곳에서 원혼들이 이승의 원한을 잊고 극락정토의 세계에 들어 평화를 누리도록 기원하고 있단다.

난리통에 '산으로 간 외아들'을 둔 집이 있었다. 아들은 난리가 나기 전까지만 해도 부모 덕에 학교 선생님이 되어 학생들을 열심히 가르치고 있었다. 아들은 성정이 착하고 외모마저 준수하여 이웃의 딸 가진 반가에서 심심치 않게 청혼이 들어왔다. 그 어머니는 머지않아 혼인할 규수를 마음에 점찍어 놓았고, 혼삿날을 정하는 일만 남았었다.

그러나 웬일인가. 전쟁이 터지고, 온 세상이 어수선해지자 아들은 학생들을 가르치는 일은 뒷전이 되었고, 어떤 다른 일에 홀린 듯 부모와 얼굴을 마주하는 것도 드물어졌다. 매사에 고분고분하던 아들은 돌변하더니 종당에는 집을 나가버리고 말았다.

미군이 인천에 상륙하고 인민군들이 도망치던 날, 아들도 이들 대열에 섞여 있었다. 그토록 효성이 지극했던 아들은 부모에게 인사 한마디 없이 그냥 떠나버린 것이다. 부모는 실성한 사람처럼 이곳저곳을 돌아다니며 아들을 찾았다. 그가 근무하던 학교에도 가보고, 내무서가 있던 곳을 기웃거려 보기도 했다. 아들의 친구도 만나 보았다. 그러나 그가 어디로, 어떻게 갔는지 아는 사람은 아무도 없었다. 풍문에 지리산으로 들어가 빨치

산이 되었다고도 하고, 대열에서 도망치려다가 인민군 총에 맞아 죽었다고도 했다. 또 어느 날에는 밤중에 무사히 도망쳤으니 언젠가 세상이 조용해지면 집으로 돌아올 것이란 말도 들었다.

인공기가 걷히고 얼마를 지난 어느 날, 낯선 사람들이 찾아와 온 집안을 뒤지며 아들을 내놓으라고 닦달했다. 그 어머니는 겁에 질려 말을 못했지만, 한편으로는 아들이 살아있으니 찾을 것이라는 엉뚱한 생각에 내심 반가웠다. 잊을 만하면 찾아와 다그치던 낯선 사람들도 이제 지쳤는지 찾아오지 않았다. 그래도 그 어머니는 금방이라도 사립문을 열고 돌아올 것만 같은 아들을 기다리며, 뒤뜰 장독대에 정화수 떠 놓고 치성을 올리고, 부처님을 찾아 불공을 드렸다. 그러는 사이 세월이 약이라고 복받치던 슬픔도 서서히 가라앉았다. 그 어머니는 언제까지 집 나간 아들에 대한 애틋한 정에 눈물만 짓고 있을 수 없었다. 무녀독남에 종손이었으니 후사를 이어주어야 한다는 의무감이 고개를 들었다.

생각 끝에 여자로서 차마 할 수 없는 결단은 내렸다. 전재산의 반이 넘는 논 서 마지기를 내놓고 후사를 이어줄 아낙을 물색했다. 얼마 뒤 참한 사람을 찾았다는 매파의 전갈을 받았고, 그 며칠 뒤 매파는 조그마한 보퉁이를 든 아낙을 데리고 왔다.

그 어머니는 아낙과 매파를 조용히 옆방으로 데리고 갔다. 삼자 대면으로 조건을 하나하나 확인했다. 대를 이을 아들을 낳아주면 미련 없이 집을 떠나준다는 것이 제일 중요한 약정이었다.

얼마 지나지 않아 새 아낙은 대를 이을 아들을 생산하였다. 그 아버지는 새 아들을 보는 재미로 집 나간 아들에 대한 슬픔을 점점 잊어갔다. 아낙은 아들 하나를 보더니 철통같이 지키기로 한 계약을 지키지 않았다. 아낙 마음인지 그 아버지 탓인지는 알 수 없었으나 아예 안방을 차지하고 아들 하나, 딸 하나를 더 낳았다. 그 어머니는 이제 자기가 할 도리는 다하였으니 지금 죽어도 여한이 없다고 생각했다. 그 어머니는 집 나간 아

들을 위하여 다시 절에 나가 열심히 공양을 드리기 시작했다.

몇 년이 흘렀을까. 그 아버지가 갑자기 숨을 거두자 아낙도 연년생의 남매와 젖먹이를 두고 홀연히 집을 떠나버리고 말았다. 그 어머니는 집 나간 아들 대신 새로 생긴 자식들을 고이 길러 혼인도 시키고 손주도 보았다. 그러던 가을 어느 날, 구십 몇 세를 넘긴 그 어머니는 저녁 진지를 잘 자시고, 주무시는 듯 편하게 이생의 연을 놓았단다.

나의 어머니가 들려주신 피난 시절 신세를 졌던 집안 이야기다.

석굴법당에 들어선다. 바깥 열기가 대단해서인지 갑자기 오싹한 한기가 든다. 보통 한기가 아닐 것이라는 생각에, 이내 뇌리를 스치고 지나가는 것들이 있다. 난리통에 먼저 가신 인연들, 집나간 아들과 그의 어머니, 어느 골짜기에서 아무도 모르게 쓸쓸히 죽어간 수많은 젊음들…….

불전에 선다. 한 포대는 사랑하는 가족을 팽개치고 무엇을 이루겠다며 집을 뛰쳐나간 젊은 영혼들에게, 또 한 포대는 자식 잃은 슬픔에 평생을 살다간 그들의 어머니들을 생각하며 정성껏 시주한다. 한 걸음 물러나 머리를 숙인다. 모든 원혼들이여, 이제 화엄의 세계에서 큰 광명 받고 평화를 찾으소서.

파비각破碑閣

새벽길을 재촉하여 수분령 휴게소에 도착했다. 수분령은 말 그대로 물을 나누는 고개라는 뜻이다. 이 고개를 기준으로 남쪽으로 흐르는 물은 섬진강을 이루며 전라도와 경상도를 가로지르고, 북쪽으로 떨어진 물은 금강이 되어 전라도와 충청도의 경계를 이루며 흐른다. 수분령을 넘어 운봉초등학교 앞에서 하차했다. 며칠 전에 내린 눈이 길가에 얼어붙어 조심스럽게 발걸음을 옮겼다. 서림정을 지나 제방을 따라 난 길로 들어섰다. 부러질 듯 마른 갈대가 눈밭에서 실바람에 서걱거리며 지나는 길손을 맞이한다. 먼빛으로 아침 안개 속에 우뚝 솟아 있는 바래봉의 모습이 차분히 다가온다.

우리는 예로부터 백두산을 민족의 영산이라 여겨왔다. 이곳에서 시작한 정기가 동해안을 끼고 내려오다가 태백산에서 국토의 한가운데로 깊숙이 방향을 바꾼다. 다시 치달리던 지세가 남해안을 앞두고 불끈 쥔 주먹처럼 멈춰 섰으니, 그곳이 바로 지리산이며 그 기운이 곧 영산의 발현이요 기상이라고 믿어왔다. 그래서일까. 지리산은 언제 찾아가 보아도 다른 모습이며 미지의 세계로 이끄는 듯한 마력을 지니고 있다. 고산준령의 험난한 산세가 있으면서도 때론 포근한 기운으로 만물을 감싼다. 설산의 무궁한 침묵과 오색의 단풍, 산이 높으면 골이 깊다고 사시장철 변하는 계곡의 신비 또한 아름답고 곳곳에 설화가 깃들어 있다. 마치 곡신불사谷神不死의 비경 안에 서 있는 것 같다. 그런가 하면 먼 옛날부터 현대에 이르기까지 민족 수난의 아픔을 간직하고 있는 현장이기도 하다.

운봉 들판을 가로지르는 광천 제방 길을 따라 걷는다. 날씨 탓에 선명치는 않지만 지리산 서북 능선과 왼쪽으로 수정봉, 고남산으로 이어지는 백두대간을 조망하며 옥계저수지를 지나면 임간도로와 마주친다. 광천은 인월에서 풍천과 만나 남천을 만들고, 남천은 지리산 주변의 물줄기를 합하여 엄천강이 되어 낙동강으로 흐른다. 지난번에 내린 폭설로 산행 길은 내내 눈밭이었다.

한 시간여 지나왔을까. 산자락에 조그만 마을이 있다. 마을 입구의 왼쪽에 황산대첩비 비각이 서 있다. 그래서 이 마을을 비전마을이라고 한다. 황산대첩비는 고려 말 이성계가 왜구를 물리친 것을 기리기 위해 조선시대에 세웠던 비석이다. 이곳을 지나려면 오 리 밖에서부터 말에서 내려 걸어와 비석 앞에서 예를 올리고 지나야 했던 신성한 곳이었다.

담장으로 잘 장식된 황산대첩비지 안으로 들어섰다. 오른편 한쪽에 '파비각破碑閣'이란 현판이 먼저 눈에 띈다. 이름부터 범상치 않다. 비를 보호하기 위해 집을 지었으면 비각이지 왜 하필이면 파비각일까. 조심스럽게 비각 앞으로 다가갔다. 그 안에는 깨진 비석이 대충 맞추어진 채로 뉘어 있다. 퇴색한 비석 조각에 새겨진 내용들은 알 수 없지만 이성계의 무용담이 떠올랐다.

남쪽바다에서 노략질을 일삼던 해적들이 세를 불리더니 이곳까지 몰려왔다. 국가가 위기에 처하자 고려 장수 이성계가 토벌에 나섰다. 진을 치고 적정을 살펴보니, 해적들의 사기가 충천해 있어 만만치 않았다. 그중 두목이란 자는 온몸을 갑옷으로 칠갑하여 빈틈이 보이지 않았다. 이성계는 수하 장수에게 계책을 말했다. 당신이 화살을 날려 적장의 이마를 맞히면, 그 힘에 머리가 뒤로 젖혀지면서 입이 벌어질 것이다. 그 순간 내가 적장의 입에 화살을 명중시킬 것이라고. 종횡무진으로 전장을 누비는 적장의 이마를 맞히는 것도 어려운 일인데, 순간적으로 벌어진 입에 화살을 명중시킨다는 것은 보통 사람들로서는 상상도 못할 일이다. 신궁들의 이러한 계책은 성공하였고, 왜구들은 혼비백산하여 도망쳐버렸다.

근세에 그 후손들이 이 땅을 강점하고 전 국토를 유린하고 말았다. 그들이 이곳에 와서 우리가 자랑스럽게 세워놓은 승전비를 대했을 때, 얼마나 수치스럽고 분했겠는가. 그들은 갖은 이유를 대며 명예스럽지 못한 과거의 생채기를 지우려고 했다. 생각다 못해 우리의 전승 기념물들을 형체도 알아볼 수 없게 망치로 깨부수고 정으로 쪼아내어 그 부스러기마저 땅에 묻어버렸다. 그 뒤 해방이 되자 주민들은 비각을 세우고 그 안에 흩어져 있던 비석 조각들을 찾아 모셔 놓았다. 한 번 입은 상처는 치유할 길이 없지만 '파비각'이 말하고 있는 정신만은 오히려 더 빛나는 것 같다.

황산대첩비지의 삼문을 나섰다. 남천을 건너 황산벌이 지리산 자락에 맞닿아 있다. 저기 어딘가는 남해안의 도적 떼들이 잊을 만하면 몰려와 못된 짓을 했던 곳이다. 그때마다 이곳을 지켜온 백성들은 바람을 끌고 다니며, 때론 달을 끌어당겨 어둠을 밝히며 적들을 물리쳤다. 그래서 마을 이름도 인풍리引風里요, 인월리引月里라 하고, 그때 해적들이 흘린 피로 지금까지 붉게 물들어 있다는 남천의 피바위 같은 전설을 만들었다. 얼마나 통쾌했으면 마을 이름에까지 그렇게 남겼을까. 그러나 그것은 승전의 통쾌함보다는 간절한 염원이며 상실에 대한 심리적 보상이었을지도 모른다.

안개가 걷히고 햇살이 들녘에 가득하다. 파란 하늘 아래 설산으로 변신한 지리산의 웅장한 모습이 서서히 다가온다. 백두대간의 끝자락까지 이어져온 정기가 저곳 너른 품에 내려앉아 있는 것만 같다.

한 옛적, 한배께서 한밝산에 내려오시다

– 백두산 종주기

장춘 시내를 벗어나 송강하로 가는 간선도로에 진입하였다. 끝없이 펼쳐지는 옥수수 밭이 녹색의 바다 같다. 피곤하여 한참 졸다 깨어났는데도 아직까지 옥수수 밭이다. 이정표도 보이지 않고, 길이 설어 얼마쯤 왔는지 가늠하기가 어렵다. 쉬지 않고 달리던 버스가 길옆에 잠시 멈추어 섰다. 버스에서 내려 가슴 깊이 숨을 들이쉰다. 총총한 별들이 쏟아질 듯 하늘에 매달려 반짝거린다. 밤 9시가 조금 지나 송강하에 도착했다. 인천을 출발한 지 10시간이 채 안 되어 중국의 이 산골 마을까지 왔다는 것이 믿어지지 않았다. 여장을 풀고 내일 산행에 대한 설렘으로 뒤척이다가 잠이 들었다.

아침 일찍 숙소를 출발하였다. 백두산으로 들어가는 서쪽 산문을 통과하여 셔틀버스로 다시 바꿔 탔다. 양옆으로 늘어서 있는 나무들은 신록의 이파리를 반짝이고, 하얀 자작나무 숲 사이로 비친 아침 햇살이 빗금을 그으며 길 위에 내려앉는다. 생각에 잠겨있는 사이 백두산이 살짝 모습을 드러냈다가 이내 자태를 감춘다. 숨바꼭질하듯 한 굽이를 돌면 나타났다가 또 한 굽이를 돌아서면 사라진다. 드디어 구름 아래 우람하게 서 있는 백두산이 달려오듯 드러났다. 봉우리를 가진 산이라기보다 하늘의 한쪽을 받치고 있는 절벽 같다. 구불구불한 길을 따라 올라갈수록 나무들이 점점 작아지더니, 수목한계선을 넘어서부터는 고산 식물들로 뒤덮여 산 바닥이 양탄자를 깔아놓은 것 같다. 내 어릴 적, 백두산은 세상에서 가장 높은 곳이고, 신비스러운 곳이었다. 이곳에서 발원한 정기精氣는 큰 맥이 되어 흐르며 동이족의 혼이 되고 노래가 되었다. 생전에는 신령스러운 산으로 경배하고, 죽어서는 그쪽으로 머리를 두고 묻히기를 염원했다던, 그렇게 신성한 곳에 나는 이제 막 들어서려는 것이다.

산행은 서파 주차장에서부터 시작되었다. 입구부터 가파른 돌계단이다. 두세 사람이 어깨를 맞대고 걸을 정도 너비의 계단은 즐거운 표정으로 산책하듯 오르는 사람들로 북적인다. 어떤 사람은 대나무 들것 위에 매단 의자에 실려 편하게 오른다. 가벼운 평상복 차림을 한 사람들 틈에 끼여 30여 분 정도 걸었을까. 먼저 올라간 사람들의 함성이 요란하다. 바쁜 마음에 걸음을 재촉하고 단숨에 올라가 천지에 성큼 다가섰다. 사진이나 그림으로 수없이 보아 온, 낯설지 않은 광경이다. 큰 경사라도 난 듯 많은 사람들이 기뻐하며 환호한다. 어떤 이는 합장하고 허리 굽혀 사방에 절을 한다. 나는 넋을 잃고 한참을 서 있었다. 지나친 기대에 대한 반작용에서일까, 무엇을 잃어버린 듯 허탈한 마음이 앞섰다. 천지 언저리 턱밑까지 난 길이며, 수많은 사람들이 북적이며 짓이겨 만들어 놓은 광장, 조잡한 안내 표지판들은 내 상상 속에 그려져 있던 백두산이 아니었다. 옛적 백두산은 하늘의 계시가 있어 신성한 곳, 그래서 감히 근접하기 어려웠던 곳. 그러나 이제는 많은 사람들이 가족들과 함께 나들이하는 정도의, 그것도 이웃 나라 사람들이 한나절 유람하는 장소로 변해있었다.

나는 흥분에 들떠있는 유람객들을 뒤로하고 마천우 쪽으로 쫓기듯 발길을 재촉했다. 아직까지 신령스러운 영산이라는 생

각을 애써 지우지 않고 산행을 계속했다. 크고 작은 봉우리들이 침묵하고 있는 천지를 감싸고 있다. 이곳에는 신성한 영물들이 내려와 평화롭게 노니는 때도 있었고, 뇌성벽력에 폭풍우가 휘몰아치는 날도 있었단다. 아마도 정기를 내려 주시려는 하늘의 뜻이 아니면, 신화 속의 풍백風伯, 우사雨師, 운사雲師의 조화였으리라.

마천우에 가까워질수록 유람객들의 발길이 뜸해졌다. 천지 너머, 남쪽으로 해말봉과 북쪽으로 비로봉이 한달음 앞으로 나와 백두봉을 알현이라도 하듯 조아리고 있다. 지금까지 여러 봉우리 중 하나에 불과했던 백두의 영봉이 갑자기 확대되어 눈앞에 가득 차 왔다. 만년설로 채색되어 침묵하고 있는 웅장한 모습이 믿음직하였다. 아득한 옛적에 선인께서 큰 뜻을 가지고 저곳 어딘가에 내리시어 천하를 밝히셨으니, 그 후예들이 오늘의 우리가 아니던가. 백두산(한밝산)과 천지, 환웅과 신단수, 단군 한배검檀君王儉 같은 단어들은 어린 시절부터 수없이 들어 온 이야기들이며, 우리의 정신과 생각을 키워 온 무형의 가르침들이었다.

마천우를 돌아 청석봉을 향했다. 푸른 돌이 많다고 청석봉이다. 풍화작용으로 돌과 흙들이 흘러내려 위험한 곳이 많았다. 천지를 오른편에 두고 산행을 계속했다. 천지의 호안은 하늘, 구름, 빛이 조화를 이루어 여러 모습으로 다가왔다. 마치 비취색 유리판에 비친 그림 같다. 북벽에는 아직도 눈에 덮인 봉우리가 호수 위에 서 있고, 봉우리를 기어오르는 등산객들의 모습이 아슬아슬하여 가슴을 조인다. 새털구름이 백운봉 너머에 펼쳐 있다가 이내 사라졌다. 능선에서 바라본 한허 계곡 저 아래, 아스라이 펼쳐있는 산군山群들을 뒤로하고 무언가 아쉬움을 안고 하산 길에 들어섰다.

이제 신화의 현장은 사라지고 없었다. 언제부터인가 단군 조선의 엄연한 역사적 사실이 신화로 변질되더니, 결국 그 신화의 현장마저 망가지고 사라져 버린 것이다. 그곳은 모든 사람이 가까이서 보고 즐기는 한나절 유람지가 되었고, 신성함은 친근감으로 바뀌었다. 하루 남짓이면 지구의 어느 곳에든 닿을 수 있고, 서로 다른 나라 사람들이 한가족을 이루고 사는 세계화 · 다문화 사회에서, 한배검은 우리에게 어떤 의의가 있을까?

석양에 비친 자작나무 숲이 입산할 때보다 더욱 희고 아름답다. 아득한 옛적에 "한얼사람인 한배께서 한밝산에 내려오셨는데, 그 한배께서 '크게 사람을 유익하게 함弘益人間'의 얼로 백성들을 잘살게 하였다."라는 말씀을 새기며 백두산 산문을 떠났다.

Ⅳ
선암 계곡에서

행복한 인생

설날 아침이다. 금년 차례는 맏손자가 초등학생으로 처음 참례하였으니 삼대가 함께 올리는 뜻 깊은 차례 상이 되었다. 새해를 맞이하는 기쁨도 기쁨이지만 나 자신을 돌아보고, 손주들이 자라는 모습을 보면서 새삼 가족의 의미를 생각한다. 며느리를 맞이하고, 사위를 보고, 새로운 생명이 탄생하고, 그래서 '가정은 영원하다.'고 하였나 보다.

방안 가득 식구들이 모여 세배를 주고받는다. 아내와 내가 먼저 맞절을 한다. 무탈하게 보살펴준 지난 일 년에 감사하고, 앞으로 일 년도 건강하시라는 염원이다. 이어 아들 부부도, 손주들도 서로 맞절을 하고 우리 부부에게 세배를 한다. 세배를 받고 나면 가훈이라도 근엄하게 한 구절 설명해 주든가 아니면 시속에 따른 적당한 덕담이라도 해 주는 것이 어른 된 도리요 품위 있는 처신이겠지만 아직 손주들이 어리고, 며느리들은 평소에 이심전심으로 서로의 마음을 다 알고 있으니 보통 생략하고 만다. 대신 아이들 보살피느라고 수고한다거나 차례상 준비하느라고 애썼다는 말로 마무리한다. 직장에 나가면서도 아이들을 반듯하게 키우고 집안 살림을 잘 꾸려가는 며느리들이 대견스럽고 고마울 뿐이다.

성묘를 마치자마자 부산에서 온 동생네는 고속도로가 정체되기 전에 간다며 서둘러 떠나고, 막내녀석도 제 처가에 간다며 뒤따라 나섰다. 큰아들 내외만 남아 있다가 제 매제가 오는 것을 보고 역시 일어섰다. 명절 차례를 모시고 나면 아들녀석은 처가로 가고, 딸아이는 친정으로 오니 명절 저녁은 사위와 보내기 일쑤다. 명절을 치르느라 지친 몸을 친정에 와 부담 없이 쉬는 것도 좋고, 이런 기회에 사위, 외손주들과 지내는 것도 퍽 의미 있는 일이다.

새해를 맞으며 지난 일 년을 정리하고, 앞으로 일 년을 계획한다. 당연한 일 같지만 그 정리나 계획은 연륜에 따라 변하는 것 같다. 학창시절이 끝나고 직장을 구하면 새로운 환경에 적응하느라 몰두하다가 배우자를 만나 결혼을 한다. 자녀를 낳아 기르며, 한편으로는 자신의 문제로 고민하기도 한다. 현실과 이상의 괴리에서 오는 갈등을 극복하고 직무에 쫓기다 문득 자신을 돌아보니 불혹不惑을 지나 어느덧 이순耳順이다. 지천명은 생각할 겨를도 없이 건너뛰고 말았다. 산전수전 다 겪고 세상일이 눈에 보이기 시작할 때쯤 되니 직장에서 물러나야 한다.

일 년을 정리하는 내용 역시 달랐다. 젊어서는 사회적인 인간관계와 일에 관한 내용이 주가 되다가 점점 나이가 들면서 느끼는 것은 일을 핑계로 그간 소홀히 했던 인연들에 대한 미안함이다. 내 식솔들과 형제자매에게 그렇고, 몇 년을 보지 못한 일가친척에게 그렇다. 어릴 때 의기투합하던 친구들에게 그렇고, 나를 일깨워주신 은사님에게 그렇다. 생각하면 할수록 이런저런 인연들이 덩굴처럼 따라 떠오른다.

불과 반세기 전만 해도 여러 대代가 대가족을 이루며 한 울안에 살았지만 현대는 자녀들이 결혼하면 따로 나가 산다. 그래도 아직 우리 주변에는 형태는 핵가족이지만 옛날의 대가족 못지않게 끈끈한 정을 이어가며 행복하게 살아가는 사람들이 많다.

행복한 가정이란 결국 가족 구성원간의 인간관계가 기본이 되는 것 같다. 서로 공경하며 사랑이 가득한 집에서, 각자 소중한 꿈을 가꾸는, 부지런하고 검소한 가정. 굳이 하나를 더한다면 이웃을 생각하며 함께할 수 있는 마음을 가지도록 어른들이 솔선수범하는 정도일 것이다.

지체 있는 집안에 가면 으레 달필로 쓴 선철의 말씀이 가훈으로 걸려 있다. 대부분 높은 이상을 추구하며 세상을 올바로 살아가는 지혜를 가르치려는 선대들의 염원이리라. 그러나 그 염원의 끝은 행복한 인생, 행복한 삶을 위한 행동 지침으로 해석된다. 시대가 변하니 가치관이 변하고, 가훈도 변해야겠지만 그보다 더 중요한 것은 어떤 생각을 가지고, 어떻게 살고 있는가 하는 어른들의 모습일 것이다.

다음 가족 모임에서는 며느리들에게 옛 선철의 말씀이나 전해주어야겠다.

가교家敎

할아버지께서 옳은 일로 가르치시고/ 아버지께서 몸소 바르게 행해 보이시니/ 그 아이 굳고 슬기롭게 자라더라.//

할머니께서 자상한 사랑을 베푸시고/ 어머니께서 한결같이 웃음 지으시니/ 그 아이 곧고 어여쁘게 여름하더라.//

내 인생의 사진들

벚꽃이 활짝 피었다. 봄나들이객들의 환한 표정이 천변의 꽃길을 한층 밝게 한다. 사람들은 즐거움을 카메라에 담아 추억 만들기에 여념이 없다. 오래오래 간직하고 싶은 소박한 바람이리라.

얼마 전까지만 해도 카메라는 어느 집에서나 귀중한 물건이었고, 그것을 다루는 사람은 상당한 경험과 기술을 지닌 사람이었다. 요즘은 성능 좋은 카메라가 일반화되고 핸드폰에까지 카메라 기능이 장착되어 있어, 전문가가 아니라도 손쉽게 좋은 사진을 찍고 주위 사람들과 추억을 공유할 수 있는 편리한 세상이 되었다.

사진 예술을 흔히 '빛의 예술'이라고 한다. 장면에 적합한 렌즈를 선택하고, 셔터의 속도와 조리개의 크기를 산출해서 빛의 양과 피사계 심도-사진이 찍히는 범위-를 조정한다. 이 밖에도 초점 맞추기, 측광 방법, 노출 보정 등 여러 가지 기능을 조합하여 작가가 표현하고자 하는 작품을 만든다. 훌륭한 사진 작품은 대상물의 복제가 아니라 또 다른 세계의 창작이라 할 수 있다.

사진 촬영에는 '팬 포커스pan focus'와 '아웃 포커스out focus라는 대조적인 두 가지 기법이 있다. 피사계 심도를 깊게 하여 화면에 나오는 전체 대상물들을 선명하게 묘사할 때 적합한 기법을 팬 포커스라 하고, 이와 반대로 피사계 심도를 얕게 하여 어떤 대상물에만 초점을 맞추고 나머지는 흐릿하게 만들어 사진가가 나타내고자 하는 주제를 강조하려는 기법을 아웃 포커스라고 한다. 어떤 대상물을 강조하기 위하여 역설적으로 주위의 사물들을 흐리게 만드는 방법이다.

지난 몇 주 동안, 새 정부의 고위 공직에 임용될 후보자들에 대한 인사 청문회가 많은 사람들의 관심을 끌었다. 청문이란 말 그대로 그 사람의 정치적 소신을 물어보고 듣는 과정이지만,

실은 과거의 행적이 주요 질문거리가 되기 일쑤다. 특별하게 내세울 것도 없는 보통 사람들은 사소한 일상 하나하나가 팬 포커스 기법으로 찍힌 사진처럼 이어져 그의 인생 역정을 한눈에 알아볼 수 있으나, 숱한 정치적 역정을 지나온 인사들에게는 그리 쉬운 일만은 아닌 것 같다. 어떤 때는 빗나간 주제에 가려 진실이 호도되는가 하면, 어느 경우에는 팬 포커스 기법으로 찍은 사진처럼 선명하게 나타난 사소한 일상에 가려 진정한 주제를 보지 못할 때도 있다. 마치 같은 장면을 촬영기법에 따라 다르게 촬영한 사진을 보는 것 같다.

만일 내 인생 역정을 소재로 사진틀을 만든다면 어떤 기법으로 처리하는 것이 적합할까. 지나온 행적 중 내세우고 싶은 사연보다 가리고 싶고, 지워버리고 싶은 사연이 더 많으니 아웃포커스 기법이 적합할까. 아니면 그래도 그 반대가 내 자신에게 충실한 것일까?

내 의식에서 점점 희미해져 가는 인생 역정들, 즐거웠던 일, 힘들었던 일, 좋은 인연뿐만 아니라 나쁜 인연, 빗나간 양심에 겨워 괴로워했던 일 등 많은 사연을 하나하나 반추하다 보면 내 안의 또 다른 '나'를 볼 수 있다. 좋건 싫건 그것은 진솔한 내 모습이었으며, 오늘의 '나'를 만들어 온 배경이었음이 분명하다. 그러나 그 배경들은 대나무처럼 하나하나 확실히 드러난 독립체로서 존재하는 것이 아니라 하나도 허투루 버릴 수 없는 사연들이 잘 농축되어 만든 복합비료 같은 자양분이었다.

그래서 내 삶의 사진틀은 팬 포커스 기법보다는 복합비료 같은 자양분을 배경으로 그 앞에 서 있는 현재의 '나'를 주제로 만든 아웃 포커스 기법이 더 적합할지도 모르겠다. 아무래도 현재는 지나간 추억보다 미래에 더 가까우니까.

하늘북 치는 사람

가을빛으로 차분한 오후, 단재기념관을 찾았다. 연한 배추꽃 색깔 벽에 붉게 칠해진 굵은 기둥, 검은 기와지붕의 날렵한 처마선이며 주변의 소나무들이 푸른 하늘에 비쳐 한 폭의 수채화 같다. 입구 오른편으로 간단한 안내판이 있다. 어떤 선비의 곧은 마음에서 유래되었다는 '고드미' 마을의 유래를 소개한 글이다.

이곳 귀래리 고드미 마을이 단재가 어린 시절을 보낸 곳이라고 생각하니 마음이 절로 숙연해진다. 단재가 일곱 살 되던 해에, 할아버지는 진외가－충남 대덕군 산내면－에서 자라고 있는 그를 이곳으로 데려왔다. 할아버지는 낙향한 시골 선비로 서당을 열어 동네 아이들을 가르치고 있었다. 벼슬을 버리고 낙향했을 성정이면 아비를 잃고 보기가 딱해서 데려온 손자 교육 역시 강직하였을 것이다. 할아버지는 하나를 말하면 둘을 알아듣고 잘 따라주는 손자가 기특하여 더 열심히 가르쳤다. 손자는 서당 공부 일 년에 한시를 짓고 한 해를 더 가르치니 어린 나이답지 않게 ≪통감通鑑≫을 해독했다. 열세 살이 되어서는 사서삼경을 줄줄이 읽고 명쾌하게 그 뜻을 설명했다. 손자는 타지에서 온 외톨이에다 배우는 내용도 앞서가니 서당 아이들과 별로 어울릴 수 없었을 것이다. 틈만 나면 동네 변두리 자기 집 뒷산으로 올라가 큰 뜻을 다지고 자신을 닦달했는지 모른다. 할아버지는 준수하게 잘 여물어 가는 손자가 대견스러워 보다 큰 길로 가도록 주선하기로 했다. 손자는 약관의 나이가 되기도 전에 할아버지의 곧은 마음과 고드미 마을에서 다진 큰 뜻을 가슴에 안고 대지를 향하여 나래를 폈다.

손자는 성균관에 입교하여 견문을 더 넓히고 세상을 바라보았다. 그의 눈에 비친 현실은 암울하기 그지없었다. 그럴수록 기울어져 가는 조국을 위하여 무엇인가 헌신해야 한다는 결의를 다지며, 직필로 세상을 감동시켰으나 한번 기울기 시작한 국운은 끝내 회복되지 못하고 경술국치를 당하게 되었다. 손자는 압록강을 건너며 조국에 대한 애끊는 사랑을 이렇게 다짐했다.

> 나는 네 사랑/ 너는 내 사랑/ 두 사랑 사이/ 칼로 썩 베면/ 고우나고운/
>
> 핏덩이가/ 줄줄이 흘러/ 내려오리니/ 한 주먹 덥석/ 그 피를 쥐어/
>
> 한나라 땅에/ 고루 뿌려서/ 떨어지는 곳마다/ 꽃이 피어서/ 봄맞이하리.

망명길에 오른 손자는 '조국의 씩씩한 재건'을 위하여 대륙을 누비며 자신의 모든 것을 바쳤으나, 세상은 그를 받아주지 않았다.

기념관 쪽으로 발길을 돌렸다. 계단 옆에는 검정색 자연석 시비가 세워져 있다. 그의 강직한 성품과 조국 사랑을 되새기며, 나는 한 구절 한 구절을 가슴으로 읽었다.

> 나는 아네 하늘북 치는 사람을/ 그는 슬퍼하기도 성내기도 하네./
>
> 슬픈 소리 서럽고 노한 소리 장엄하여/ 이천만 동포를 불러일

으키나니/

의연히 나라 위해 죽음을 결심케 하고/ 조상을 빛내고 강토를 되찾게 하나니/ 섬 오랑캐의 피를 싸그리 긁어모아/ 우리 하늘북에 그 피를 칠하리.

기념관을 나와 초상을 모신 영각影閣 쪽으로 갔다. 영각으로 들어가는 문에는 '정기문正氣門'이라는 현판이 걸려 있다. 단재가 지향했던 '크고 바르고 공명한 천지의 원기'가 드나드는 문이란 뜻일까. 나는 옷깃을 여미며 잠시 생각에 잠겼다. 이곳이 어린 단재가 할아버지의 손을 잡고 첫발을 디딘 곳이며, 고사리 같은 손가락으로 ≪천자문≫을 한자 한자 짚어가며 익히던 곳이며, 먼저 가신 아버지를 생각하며 눈물짓던 곳, 때로는 가슴을 억누르고 절망의 외로움을 이겨냈던 곳, 뒷동산에 올라 밤하늘의 별을 바라보며 큰 뜻을 키웠던 곳, 종당에는 한줌 재가 되어 돌아와 묻힌 곳이라고.

그 시절 우리 사회는 미래에 대한 희망이 거의 없는 암담한 상황이었다. 일제의 회유에 많은 지식인과 문인들이 굴복하고 말았으나, 단재만은 갖은 고초를 겪으면서도 굽히지 않고 저항하다가 결국 이국 땅 감옥에서 병을 얻어 순국하고 말았다. 자신의 인생 역정을 되새기며 읊은 시에서 '인간 단재'의 애틋함을 본다.

> 뜬 세상 40년에 한 일이 무엇인고.
> 잠시도 병과 가난 떠난 적이 없었고나.
> 돌아서 한하노라. 산도 물도 다한 곳에
> 곡哭하고 노래하기 그도 마저 어려워라.

영당 뒤쪽에 있는 문으로 나가 최근에 이장한 묘소 앞에 섰다. 그가 걸어온 길은 가난과 질병 속에서 험하고 고통스러웠지만, 우리에게는 영원한 민족의 자존심이며 횃불이 되었다. 한줌 재가 되어 할아버지 집으로 다시 돌아오던 날, 그를 반겨주는 사람은 아무도 없었다. 험난한 그의 생애처럼 옛 집 터에 묻히기까지 우여곡절이 많았다. 얼마 전 유족들의 뜻에 따라 이곳으로 산소를 옮기게 되었으니 서거하신 지 70여 년이 지나서야 비로소 평안을 찾은 것이다.

이제 당신의 뜻대로 "조상을 빛내고 강토를 되찾았으니" 좌청룡우백호左靑龍右白虎에 훤하게 트인 만년유택에서 천세 만세 편히 쉬소서.

선암 계곡에서

발령을 받고 첫 출근하는 날이다. 긴장된 마음을 가라앉히며 교문에 들어섰다. 아담한 교정이 낯설지 않게 정겹다. 운동장가에 막 피기 시작한 개나리꽃, 교실 밖으로 흘러나오는 학생들의 낭랑한 목소리가 봄기운에 생기를 더해 준다. 본관 앞, 잘 가꾸어진 정원 한가운데에는 네모 반듯한 기단 위에 '上善若水상선약수'라고 새겨진 자연석이 자리하고 있다. 맞이해 주던 선생님 한 분이 자연석을 가리키며 학생들의 '좌우명석'이라고 간단하게 설명해 주었다. 전임 교장이 세워 놓은 성인의 말씀 한 구절 정도로 대수롭지 않게 여기고 지나쳐 버렸다.

그 뒤 학교 생활을 하면서 좌우명석과 자주 마주쳤고, 시간이 지날수록 가볍게 보아 넘겼던 좌우명석에 대해서 관심을 갖게 되었다. 전임자가 돌에 새기면서까지 학생들의 좌우명으로 삼고자 했던 그의 교육관이 후임자인 내 입장에서는 더 알고 싶어진 것이다.

새삼 노자의 ≪도덕경≫을 구해서 탐독하고, 동양 고전에 조예가 깊은 전문가의 조언도 청해서 들었다. 상선약수로 시작되는 ≪도덕경≫ 8장의 주된 내용은 "최상의 선善은 물과 같으니, 물은 모든 생물에 이로움을 주면서 다투지 않고, 뭇사람들이 싫어하는 낮은 곳에 즐겨 있다. 그러므로 물은 도道에 가까운 것이다."라는 가르침이다. 물의 속성을 빌려 이상적인 선의 경지를 말한 것이다.

좌우명석의 뜻을 좀 더 깊이 알고부터 나의 고민이 시작되었다. 교육의 본질이 '개인의 행복 추구'에 있다면 이를 성취할 수 있도록 뒷받침해 주어야 할 학교의 역할은 시대에 따라 어떻게 변해야 할 것인가, 물로 상징되는 상선약수의 생활 태도나 지나친 겸손을 너무 강조하는 것은 청소년기의 적극적인 가치관 형성에 자칫 문제가 되지 않을까를 우려하면서, 한편으로는 교육 현장에서 교육의 지표로 흔히 제시되고 있는 '도전 정신, 창조 정신, 개척 정신'을 떠올렸다. 이러한 지표들은 모두 청춘의 아름다운 기백이며 자신의 운명을 새롭게 열어가는 가치로서 세상을 보다 풍요롭고 살맛나게 만들어가는 젊음의 상징일 수도 있다는 생각을 해왔다. 실용성을 강조하는 물질문명의 틀 안에서 성장한 현대인의 의식 구조와 노자의 말씀은 어떤 조화를 이룰 수 있을까? 하루에도 몇 번씩 좌우명석 앞을 지날 때마다 깊은 상념에 잠기곤 했다.

도시의 바쁜 일상을 떠나 시골에서 생활한다는 것은 자신을 돌아볼 수 있는 좋은 기회이기도 하다. 짬이 날 때마다 약수터가 있는 선암계곡에 자주 갔었다. 새벽녘, 계곡에서 피어오르는 물안개를 가르며 차가 달린다. 단성 삼거리를 지나 하선암下禪庵, 중선암中禪菴, 그리고 상선암上禪庵에 이르는 길은 평소 도시에서 느껴 보지 못했던 생활의 여유이며 또 하나의 즐거움을 만끽하는 곳이다. 도락산 자락을 감아 도는 상선암 계곡에 들어선다. 크고 작은 바위 사이로 흐르는 물에 손을 담근다. 맑은 기운이 손끝을 타고 온몸에 퍼진다. 바위에 앉아 상선上禪을 생각하다가 상선上善으로 의미를 비약해 본다. 상선이 있으면 정도에 따라 중선中善, 하선下善도 있을 것이라는 억지스러운 화두를 흥얼거리다가 결국 내 자신의 문제로 돌아와 나는 지금 어느 정도의 삶을 살고 있는가,라고 자문해 본다. 노자는 남에게 이로움을 주는 것을 '선'이라고 했다. 만일 다른 사람보다 더 큰 선을 이루려는 마음이 있다면 그것은 이미 선이 아니고 다툼이 되며, 다툼을 수반한 선이란 상선이 될 수 없다는 것이다. 모든 게 불비한 나로서는 감히 그런 지고한 상선을 행할 엄두도 못 낼 일이나, 그래도 생활 속의 선의 의미를 되새기며 자리를 뜬다.

봄이 한창 무르익어 갔다. 신학년도의 어수선한 분위기도 차츰 자리를 잡고, 학년 초에 세웠던 계획들이 눈에 보이게 잘 진행되고 있었다. 교정이 봄꽃으로 뒤덮인 꽃밭 속에 있는 것 같다. 소백산에서 발원한 물줄기가 사인암을 돌아 시동 계곡을 거치며 학교 담장 밑으로 조잘거리며 흐른다. 봄볕으로 가득한 운동장에는 공을 차거나 철봉에 매달려 노는 녀석, 서로 붙들고 밀치기하는 녀석, 천둥에 놀란 망아지처럼 날뛰는 녀석들로 활기가 넘친다. 운동장 가의 긴 의자에는 봄나들이 삼아 읍내 장터에 다녀온 동네 노인들이 한가로이 쉬고 있다. 교정에 가득한 여유와 편안함이 학생들의 학교생활에 그대로 스며드는 것 같았다. 도시의 학생들이 과중한 학습량으로 힘겨워할 때 이곳 아이들은 소백산 줄기의 맑은 기운을 담뿍 받으며 꿈과 우정과 희망을 키워나가는 것이다. 언제부터인가 나도 이러한 분위기에 젖어 모든 것이 여유롭고 편안해져 갔다.

얼마 있다가 나는 이 학교를 떠나게 되었다. 이임인사를 하고 떠나던 날, 현관 앞 화단에 다소곳이 서 있는 좌우명석 앞으로 다가갔다. "물은 천지 사이의 온갖 생물에게 이로움을 주면서도 다투는 일이 없으니, 그래서 최상의 선이다."라는 의미를 새기며, 교육을 생각해 본다.

설령 이 아이들이 지금 당장은 미진한 부분이 있을지 몰라도 물 흐르듯 세월이 가면 갈수록 마음은 선암 계곡처럼 아름다워질 것이다. 친구 간에는 신의를 지킬 것이며, 자기가 맡은 일에 책임을 다할 것이다. 항상 남보다 낮은 곳에서 낮은 자세로 봉사하는 것, 이것이 세상 살아가는 최상의 지혜가 아니겠는가.

아침 햇살에 비친 좌우명석의 문구가 그날따라 더욱 크게 돋보였다.

그곳이 참하 꿈엔들 잊힐리야

– 정지용문학관을 찾아서

내륙의 다도해 대청호 둘레길을 따라 정지용의 고향 옥천을 찾아간다. 시원스레 뚫린 고속도로를 마다하고 굽이굽이 휘돌아 나간 강변길을 택했다. 지용의 시심이 흐르는 '향수 30리 길'로 이어져 있기 때문이다. 넓은 벌 동쪽 끝으로 휘돌아 나간 '실개천'도 금강으로 흐르고 있지 않은가.

금강은 장수 고을 신무산 골짜기에서 발원하여 충청도와 전라북도의 경계를 이루며 내려오다가, 땅이 걸고 기름지다는 옥주-옥천의 옛 이름-골에 이르러서는 서북쪽으로 크게 휘돌아서 서해 큰 바다로 나간다. 산과 계곡을 따라 아름다운 경관을 이루며 다소곳이 흐르던 물줄기가 큰비라도 내리는 해에는 강둑을 넘어 넓은 들을 물바다로 만들었다. 강물이 다시 조용해지고 모든 것이 제자리로 돌아오면, 주변의 샛강들은 언제 그랬느냐는 듯이 그간의 상처를 쓰다듬으며 실개천을 따라 금강으로 몰려들었다.

산기슭 가득 핀 진달래와 산벚꽃, 복숭아꽃들의 마중을 받으며 시인이 태어난 마을에 들어선다. 지용의 시구를 상호로 디자인한 '시문학 간판 거리'를 지나 생가 입구에는 검은 돌에 새겨진 〈향수〉 시비가 방문객을 맞이한다. 그가 "함부로 쏜 화살을 찾으려 풀섶이슬에 함추름 휘적셨다"던 궁터는 아파트와 주택들이 들어서 상상조차 할 수 없이 변해 있다. 집 앞을 흐르던 실개천은 시멘트로 반듯하게 구배를 잡아 형태만 남아있을 뿐이다. 지용이 어린 시절에는 상류에 교동저수지가 만들어지기 전이었으니, 조금만 비가 내려도 계곡에서 흐르는 물줄기가 '지즐대며 휘돌아 나가'는 실개천이었을 것이다. 지용은 이곳에서 바라보았던 실개천에 뉘엿뉘엿 지는 햇살을 떠올리며 향수의 노래를 불렀다.

생가 앞에 섰다. 옥천읍 하계리는 지용이 태어나서 어린 시절을 보낸 곳이다. 20여 년 전 복원한 생가 마당에 탐방객들이 붐빈다. 사립문을 밀고 들어서면 그 시절 여염집처럼 한편에 우물과 장독대가 있다. 남향 4칸 정도의 본채 앞쪽으로 곳간채가 붙어있다. 뒤꼍을 돌아 나와 툇마루에 앉았다. 다시 일어나 마당을 서성이다가 이엉을 올린 담장 앞에 선다. 담장 너머로 먼 산이 아스라하다. '해설피 금빛'을 바라보며 시상에 잠겼던 시인의 모습을 그려본다.

지용은 유년 시절을 회상하여 "고독하고, 슬프며, 원통한 기억이 진저리가 나도록 싫어진다."라고 했다. 조숙하여 개인적으로 고독했고, 어머니와 식솔들의 가난이 가정적으로 슬펐으며, 빼앗긴 나라가 원통했을까. 시인은 슬픔과 고독을 순수한 시상으로 만들었고, 슬픔의 노래를 환희로 승화시켰다. 고향과 함께 "짚벼개를 돋아 고이시는 늙은 아버지"를 생각했고, 끔찍이 귀여워했던 "검은 귀밑머리 날리는 어린 누이" 계용이와 "따가운 햇살을 등에 지고 이삭 줍던" 아내의 모습도 처연하게 그려 놓았다. 결혼한 지 겨우 일 년 남짓하여, 12세 꼬마 신랑은 동갑내기 신부를 고향에 남겨 두고 서울 유학길을 떠났다. 그의 마음 한구석에는 자기를 위하여 늘 고생하는 아내가 있었고, 평생 마음에 저리게 남아 "아무렇지도 않고 예쁠 것도 없는 사철 발 벗은 안해"라고 토로했다. 바로 국민적 가곡이 된 〈향수〉

의 노래다.

생가 사립문을 나서면 상징적으로 만들어 놓은 조그만 실개천이 있다. 그 옆에 있는 물레방아가 옛 정취를 북돋운다. 문학관 앞뜰에 지용의 입상이 있다. 아담한 단층 건물 안으로 들어선다. 검정 뿔테 안경을 끼고, 한복 차림으로 단정히 앉아 있는 지용의 밀랍 인형이 방문객을 맞이한다. 〈향수〉의 노래가 은은히 울려 퍼진다. 한때는 월북 시인이란 낙인으로 세상에 드러내기를 주저했지만, 정치적 이념을 떠나 많은 사람들이 아름다운 그의 시 세계를 흠모하여 고향을 찾게 되었으니, 지용의 시심도 이제야 진정으로 고향에 돌아온 것 같다.

옥주벌 넓은 들녘은 변했지만 향수의 물결이 넘치고 있다. '지용로'와 '향수로'를 만들고, 읍내 관성공원으로 들어가는 언덕바지에 '시의 거리'를 조성하여 오가는 이들이 시와 함께할 수 있도록 하였다. 지용의 시세계는 옥천의 모든 거리에서, 공원에서, 많은 사람들의 가슴속에서 살아 숨 쉬고 있는 듯하다. 거리의 이름뿐만 아니다. 지역 행사의 명칭이나 상점의 간판까지도 지용의 시심이 담겨있는 것들이다. 읍내를 벗어나 경부고속도로 옥천 나들목으로 발길을 돌린다. 최근에 새로 조성된 '향수 공원'이 눈길을 끈다. 백여 년 전 태어난 문인 한 사람이 지역민들의 영원한 문화 자산이 되고 있음을 본다. 문득 오스트리아 잘츠부르크가 떠오른다. 250년 전의 모차르트가 지금도 그가 태어난 고향의 명성을 드높이고 있지 않던가.

향수의 고장 옥천, 대형 분수대에서 높이 솟구치는 물줄기는 애잔한 〈향수〉의 멜로디에 맞춰 너울너울 춤을 추고 있다. 그 옆으로 '산 넘어 저쪽에서 늘 오던 바늘 장수'를 기다리던 지용의 시심이 망부석이 되어 서 있다.

산넘어 저쪽에는
누가 사나?
뻐꾸기 영우에서
한나잘 울음 운다.
산넘어 저쪽에는
누가 사나?
철나무 치는 소리만
서로 맞어 찌르렁!
산넘어 저쪽에는
누가 사나?
늘 오던 바늘장수도
이봄 들며 아니 뵈네.
　　– 〈산넘어 저쪽〉 전문

이카로스와 소요유逍遙遊

인간의 손길이 우주의 바다에 돛을 띄웠다. 무인 우주 탐사선 보이저 호가 지구를 떠난 지 36년 만에 190억 km를 날아 태양계를 벗어났다는 보도다. 탐사선은 55개국의 언어로 된 인사말과 개 짖는 소리, 바흐의 바이올린 소나타, 지구 사진 118장 등이 담긴 레코드판을 싣고, 우주 어딘가에 있을지도 모르는 인간과 비슷한 생명체를 찾아 나섰다.

옛적, 이카로스는 아버지가 붙여준 날개를 달고 하늘을 날다가 추락하고 만다. 하늘과 바다의 중간을 겨냥해서 날아야 한다는 아버지의 비행 지침을 어기고 우주를 향하여 하늘 높이 치솟아 오르다가 결국 추락하고 말았다. 그가 원한 것은 단지 눈앞에 전개된 우주의 황홀한 광경이었을까, 아니면 또 다른 목적이 있었을까. 아마도 '우주'라는 새로운 세계에 대한 끝없는 동경이었을 것이다.

어릴 적, 내가 생각했던 우주는 여름밤 하늘에 반짝이는 별을 보며 할머니가 들려주시던 옛이야기가 전부였다. 초저녁 서쪽 하늘에서 반짝이는 개밥바라기를 시작으로 국자별과 길라잡이 별, 은하수와 하얀 쪽배, 달과 계수나무 이야기는 몇 번을 들어도 재미있고 신나는 신비의 세계였다. 그 신비스러운 세계가 과학의 힘으로 점점 베일을 벗고 있다.

천문학자들의 관점에서 보면 지구는 우주의 중심도 아니며 그렇다고 태양계의 중심도 아니다. 태양계는 지구와 같은 행성과 그 주위를 도는 위성들로 이루어졌으며, 약 50억 년 전에 형성되었고, 4억 년쯤 뒤에 지구가 생겼다. 무한한 우주 공간에서 태양계는 극히 일부분에 지나지 않으며, 지구는 그중 조그만 행성에 불과하다. 우주는 보통 사람들의 공간 개념으로는 상상할 수 없이 넓은 미지의 공간이다.

빛의 속도를 실감나게 알기 쉽도록 말할 때 '1초에 지구를 일곱 바퀴 반'을 돈다고 하고, 세상에서 가장 빠르다고 했다.

이렇게 빠른 속도로 130억 년을 진행한 거리에 퀘이사-밤하늘에서 볼 수 있으면서 가장 먼 곳에 있는 별과 비슷한 전파 광원-가 있다. 가장 밝은 시리우스 별까지는 8.6광년, 두 번째 밝은 별까지는 80광년이 걸린다. 지금 내 얼굴을 비추고 있는 빛은 8분 20초 전에 태양을 떠난 빛이라니 우주라는 무한한 공간에서 보면 태양과 지구는 안방과 마루같이 가까운 거리에 불과하다.

거리 개념을 접어 두고 부피 개념으로 생각해 본다. 칠월칠석날, 까치들이 오작교를 만들어 견우와 직녀를 상봉하게 한다는 은하수에는 1,000억 개에서 4,000억 개의 별들이 모여 있다. 한쪽 끝에서 반대 쪽 끝까지 10만 광년을 가야 하는 크기인데, 우주에는 이 정도의 은하계가 1,400억 개 정도 있을 것으로 추정한다. 불가佛家에서 영원성을 말할 때 사용하는 겁파劫波도 이해하기 어려운데, 천문에 문외한인 나로서는 아무리 숫자를 들어 우주의 시간과 공간을 이해하려 해도 선뜻 감이 잡히지 않는다.

우주의 크기를 어림잡다 보니 포근하게 나를 감싸고 있던 '자연'이 사라지고 황량한 우주 앞에서 한없이 왜소해진 '나'를 본다. 찬란하게 빛나던 태양이, 부푼 꿈과 희망을 안겨주던 바다가 아득히 먼 우주 속의 점으로 축소되어 '나' 자신을 찾을 길이 없다. 내가 살아 숨쉬고 있는 지구마저 어느 순간 갑자기 축소되어 모래 알갱이에 숨어 버린다. 지금까지 지켜왔던 세상의 모든 중심이 흔들려 종잡을 수가 없다. 그러나 우주의 시간과 공간 안에서 생각하면 나에게 주어진 몫은 찰나 중의 찰나에 불과하지만, 다시 돌아올 수 없는 단 한 번의 소중한 시간에 입신양명이나 탐하고, 허명虛名을 좇아 허송한 내 모습이 한없이 초라해진다.

끝없이 이어지는 우주의 망상에서 벗어나 다시 내가 서 있던 자리로 되돌아온다. 이카로스의 '비상의 꿈'을 생각해 본다. 장자의 소요유逍遙遊도 음미해 본다. 이카로스의 꿈이 이루어지기를 간절히 바라면서도 장자의 유유자적悠悠自適하는 모습에 더 마음이 가는 것은 나의 불출한 생각 때문일까.

앞으로 십여 년이면 보이저 호의 동력이 바닥나 수명을 다한단다. 설령 어느 행성에서 지구인의 부름 공세에 답을 해온다 하더라도, 창공은 변함없이 아름답고 푸를 것이다. 그때도 지금처럼 내가 사랑하며 살고 있는 곳이 세상의 중심이며, 내 생각 안에 우주가 있을 것이다.

가을 밤, 나에게 주어진 대자연에서, 마음의 자유를 만끽하며, 장자의 호방한 시 한 구절을 별빛에 실어본다. 무한한 우주의 시공時空이 내 품안으로 돌아오도다.

올림픽과 애국심

요즘 인사는 런던에서 열리고 있는 하계 올림픽 이야기로 시작된다. 어제만 해도 우리나라가 금메달 세 개를 추가했단다. 모든 식구들이 현장 중계방송에 채널을 맞추니 내게는 방송 채널 선택의 여지도 없다. 오늘은 새벽 2시에 시작된 축구 경기를 응원하는 함성으로 아파트가 온통 들썩였다.

실내 온도가 체온에 육박하는 것 같다. 방학이라 손주녀석들이 몰려왔다. 냉방기를 틀어도 별로 신통치 않다. 아내는 떠밀듯이 아이들을 데리고 대형 마트에 피서 겸 쇼핑을 갔다. 에어컨을 끄고 방에 들어가 책상 앞에 앉는다. 창문을 열어 여름을 마음껏 맞아들인다. 후끈한 열기가 얼굴에 와 닿는다. 뭉게구름이 파란 하늘에 무늬를 수놓는다. 매미가 '찌익' 하고 운다. 어쩌면 그 소리는 매미 우는 소리가 아니라 요즘 폭염에 짓물러진 내 귀의 이명인지도 모르겠다. 찌이이익~ 찌이익….

얼마 전, 더위를 피해 산사에 들렀다가 사가지고 온 음악 CD를 튼다. 대금의 부드러운 가락과 한 음계 높게 이끌어가는 가야금의 선율이 물줄기처럼 곱게 흐른다. 곡명도 〈무소유〉에 〈하루아침의 티끌〉이다. 제법 도교적이다. 대금이 가야금을 타고 절정을 이루다가 급기야 냇물처럼 내려앉으며 오수를 불러온다. 어젯밤에 설친 잠을 보충하기에 딱 맞다.

새벽 아파트 응원단의 함성에 또 잠이 깨었다. 지동원 선수가 전반 29분에 한 골을 넣었다. 그러나 두 번의 페널티킥 중 한 골을 주고 한 골은 기막히게 막아내어 동점으로 경기를 끝냈다. 연장 30분에도 동점이어서 결국 승부차기, 그것도 다섯 번째 마지막 키커 기승용이 골인시켜 올림픽 참가 사상 최초의 4강에 진입한 것이다. 축구의 본고장 런던에서 해낸 일이다. 그간 선수와 감독이 노력한 결과이리라. 다른 종목에서도 입지전적 선수들이 기염을 토해 염천의 국민들을 기쁘게 하고 있다. 국력이 신장되니 투기 분야에 국한되었던 참가 종목도 다양해지고, 선수들은 좋은 여건에서 열심히 훈련하여 자신의 기량을 십분 발휘하는 것 같다.

아내는 요즘 손연재에 푹 빠져 있다. 손연재뿐만 아니다. 축구의 아무개, 아무개…, 펜싱, 양궁, 심지어 레슬링까지 모르는 선수가 없다. 무엇이 아내를 그토록 매료시키고 있는 것일까. 리듬체조의 예술적 가치를 감상하는 것일까. 박진감 넘치는 경기, 현란한 기량, 젊음의 패기 아니면 무조건적인 애국심에서일까. 어쨌든 아내는 스포츠 애국을 하고 있음에 틀림없다. 나도 덩달아 응원해 준다.

"이겨라! 이겨라! 나라와 아내를 위하여."

아내는 어제도 자정이 넘을 때까지 결승전을 지켜봤단다. 자고 있는 나를 깨워 감격과 애석함을 토로한다. 애석하게도 곤봉에서 실수해 5위에 그쳤다고. 그 고비만 넘겼으면 금메달도 차지할 수 있었을 텐데…. 아내의 아쉬움은 여간해서 가라앉지 않는다. 애석함 못지않게 칭찬도 대단하다.

"대단하다! 손연재." 잠결에 한마디하고 나는 다시 잠들어 버렸다. 아내는 진짜 애국자가 되어 있다.

오늘도 역시 아파트 응원단이 새벽잠을 깨웠다. 일본을 이기고 있다. 그것도 2대 0으로. 아파트 응원단이나 TV 속 관중의 함성이 말 그대로 지축을 뒤흔든다. 전반 38분에 박주영이 한 골을 넣고, 이어 구자철이 한 골을 더하여 승리를 다져놓은 것이다. 참 장한 일이다.

모든 방송이 하루 종일 흥분으로 들떠 축구 이야기뿐이다. 마치 일본의 수도를 점령하여 태극기를 꽂은 것처럼. 더구나 며칠 전 대통령의 독도 방문으로 양국 간 국민감정이 첨예화되어 있는 상황에서 경기에 이겼으니 이해할 만하다. 그러나 진정한 의미에서 옳은 일은 아니다. 메달 숫자가 국력이나 문화의 척도도 아니다. 그것은 오직 경기일 뿐이지, 그 이상도 그 이하도 아니라는 것을 모두 잘 알고 있지만 그래도 기쁜 것은 기쁜 것이다.

우리 모든 선수들, 좋은 경기를 펼쳐 주어 우리를 즐겁고 자랑스럽게 해 주었다. 국가를 대표하여 올림픽에 출전한 것만도 영광인데 거기에 메달이라니, 개인은 물론 국가적 경사가 아니겠는가. 인간 한계에 도전하는 선수들의 투지와 뛰어난 기량이 한여름 무더위를 말끔히 씻어주었다. 즐겁고 신나는 17일간이었다.

메달 뒤에 숨어 큰 빛을 내도록 성원해 준 사람들, 폐막식에 참석하지 못하고 먼저 비행기에 오른 선수들, 다음 대회를 위해 파이팅!

해변에서 동전 찾기

한창 더위는 가셨다지만, 늦더위 때문인지 바닷가는 여전히 유람객들로 붐빈다. 끝없이 일렁이는 파도와 그 너머로 아스라이 펼쳐진 수평선, 한가로이 날고 있는 바닷새, 해안을 따라 잔잔하게 나타났다 사라지는 하얀 물거품, 바다 냄새까지 모두가 일상의 찌꺼기를 몽땅 씻어가는 청량제 같다.

숙소를 정하고 인근 어항의 생물 시장에 갔다. 겨우 비집고 오갈 정도의 통로만 남기고 벌려 놓은 난전에는 북적이는 인파로 활기가 넘친다. 막 잡아 가둔 물고기들이 안간힘을 다하여 마지막 탈출을 시도한다. 신기해서 꼬마녀석들이 이리저리 기웃거리며 신이 났다. 횟감을 사든 유람객들의 만족한 웃음이 여유롭다. 나도 횟감을 사들고 숙소로 돌아왔다.

서쪽 하늘이 오렌지 빛으로 곱게 물들기 시작한다. 물때에 맞추기라도 하듯 유람객들이 서서히 해변으로 모여든다. 정답게 해변을 산책하는 사람들, 밀려왔다가 슬며시 빠져나가는 파도에 발장구 치는 꼬마녀석들, 저쪽 모래톱에서 쏘아올린 폭죽이 막 가라앉은 햇살과 어우러져 해변의 하늘을 아름답게 수놓는다.

썰물 때가 어지간히 지났다. 아이들의 함성도 가시고, 아득히 멀어져간 파도 소리만 간간이 들릴 뿐이다. 갑자기 해안이 텅 빈 듯하다. 방금 빠져나간 바닷물이 아직 촉촉하게 배어있는 모래밭을 걷는다. 뒤따라오던 아내가 빈 소라 껍데기를 하나 주워 귀에 대고 바닷소리를 듣는다. 소라 껍데기처럼 무디어진 감성에도 추억의 단추는 아직 남아 있는가 보다. 아내와 시선이 마주쳤다. 아내는 겸연쩍은 듯 손에 쥐고 있던 것을 급히 주머니에 넣어버린다.

저만치서 다부진 복장을 하고 탐지판을 좌우로 흔들며 다가오는 사람이 있다. 한눈에 보아도 짐작이 간다. 병사들이 등에 지고 지뢰를 탐색하던 금속 탐지기 같다. 한곳에서 멈추더니 허리춤에서 꼬챙이를 꺼낸다. 바닥에서 무언가를 주워 허리에 차고 있던 색에 집어넣었다. 복장이며 갖추고 있는 기구뿐 아니라 작업하는 일련의 동작이 한두 번 해본 솜씨가 아니다. 궁금해서 물었다.

"무엇하는 겁니까?"

사나이는 좀 뜸을 들이다가 마지못해 대답했다.

"동전을 찾는 것입니다."

나는 다시 물었다.

"하루에 몇 개나 찾습니까?"

역시 뜸을 들였다. 해안의 탐조등 빛이 그의 얼굴을 희미하게 비췄다. 못마땅한 표정 같았다.

'아차, 쓸데없는 질문을 했구나.' 미안한 마음에 수고하라는 인사를 하고 막 돌아섰는데, 대답이 돌아왔다.

"하루 일당도 힘듭니다."

표정과는 달리 부드럽고 분명한 목소리였다.

"예~, 그래도 좋은 일을 하시는구려."

괜한 호기심으로 남이 하는 일을 방해한 것 같아 그의 작업장 곁을 서둘러 떠났다.

저분은 분명 남이 흘린 동전을 모아 자기 수입으로 삼는 것인데 왜 내 입에서 갑자기 '좋은 일'이란 말이 튀어나왔을까. 법적으로 점유이탈물을 습득했으니 해안 관리소에 신고를 하든지 어떻게 할 것인지는 잘 모르겠지만 그는 분명 바닷물에 유실될 수도 있는 나라의 재산(?)을 회수하고 있다는 사실이다.

조선 시대 어느 재상이 청계천 다리를 건너다가 동전 한 닢을 돌 틈으로 떨어뜨렸단다. 재상은 당장 인부들을 동원하여 돌을 하나하나 들어 옮기며 잃어버린 동전을 찾기 시작했다. 결국 한나절이 지나 동전 한 닢을 찾았지만 인부들의 품삯이 훨씬 더 많이 지출된 것은 말할 나위도 없다. 지나가던 사람들은 이러한 사연을 듣고 이상하게 생각했으나 재상의 생각은 달랐다. 인부의 품삯은 자기 주머니에서 나갔지만 물에 흘러가지는 않았다. 만일 잃어버린 동전을 찾지 않았더라면 동전 한 닢은 영영 땅에 묻히고 말았을 것이 아닌가.

'나는 잃어버릴 뻔한 국가의 한 닢을 찾았다.'며 재상은 만족해했다. 경제 논리로 생각하면 개인 경제보다 국가 경제를 우선한 것이라고나 할까. 언뜻 재상의 일화가 머리를 스쳤다.

그는 유람의 낭만과 여유를 뒤로하고, 오직 썰물에 실려 사라지려는 나라 재산을 지금 수배하고 있는 중이다.

V
홀가분한 마음으로 여행길에

홀가분한 마음으로 여행길에

'회갑'이라는 말 자체를 싫어했다. 덧없이 흘러가는 세월을 붙잡으려는 안간힘일까. 회갑 이야기만 나오면 남이 알까 싶다며 손사래를 쳤다. 자식들은 평소 가까이 지내던 친지들을 모시고 저녁 식사라도 대접해 드리겠다고 했으나 아내는 극구 사양했다. 바르게 자라서 잘 살아가는 것만 해도 고마운데 잔치는 무슨 잔치냐는 것이다. 오히려 자기가 자손들에게 고맙다는 이야기를 해 주고 싶단다. 하는 수 없이 자식들이 준비하려던 아내의 회갑연은 없었던 일로 하고, 정작 그날은 덕유산 향적봉 산장(대피소)에서 나와 함께 새 아침을 맞이했다.

그런데 어찌된 일인가. 한 달여 지났는데 자식들이 해외여행권 두 장을 가지고 왔다. 아무리 생각해도 그냥 넘기기가 서운해서 준비한 것이니 잘 다녀오시라는 것이다. 옆에서 지켜보던 나는 아이들의 성의가 그러하니 다른 생각은 접어 두고 여행이나 즐겁게 다녀오자며 거들었다.

완강하게 사양하던 아내가 막상 여행권을 받은 뒤부터는 걱정이 태산이다. 아니 걱정이라기보다 내심 여행에 대한 즐거움으로 들떠 있다. 준비할 것도, 챙겨갈 것도 왜 그리 많은지 평소 같지 않게 법석을 떤다. 짐 싸기를 대충 마무리하고 여행사에서 보내온 여행 안내서를 무심코 읽다가 여행자 보험 약관의 사망에 관한 대목에서 멈칫 시선이 고정되고 말았다. 예전에는 읽어 보지도 않았던 문구였지만 이제 관심이 가는 여행 준비사항 중의 하나라는 생각이 들었다. 불과 몇 년 전, 지역 문화원이 발간한 잡지에서 유명 인사들이 작성한 '미리 써보는 유서'를 읽었을 때는 남의 이야기처럼 생각했으나 이제는 가슴에 와 닿는 일이 되었다.

'설마 우리 부부에게 예기치 못한 일이 일어난다 하더라도 우리 자식들이야….' 하고 좋은 쪽으로 생각해 보지만 만일에 다시 만나지 못할 이별을 가정한다면 무엇을 어떻게 하고 떠나야 할까. 마지막을 정리하는 기분으로 책상 앞에 앉았다. 평소 자식들에게 남기고 싶었던 이야기들을 차분히 정리해 쓰기 시작했다. 자랑스럽고 보람 있는 일보다 죄스럽고 미처 챙겨주지 못했던 일들이 먼저 떠올랐다. 참회하는 마음으로 가슴이 아렸다. 죽음을 가정하고 쓰는 글이라서인지 어느 대목에서는 나도 모르게 숨어 있던 응어리 같은 것이 북받쳐 올랐다. 마음을 가다듬고 겨우 초안을 만들어 아내와 함께 읽어 내려갔다. 아내의 얼굴이 점점 벌겋게 상기되어 갔다. 즐거운 여행을 앞두고 이 무슨 청승인가? 아니지, 이렇게 인생을 정리하며 살자는 것이겠지. 스스로 마음을 달랬다. 아내가 겨우 감정을 추스르더니 몇 군데를 고쳐 썼다.

죽음에 대한 두려움 때문인지, 아니면 지나온 세상살이가 너무도 아쉬워서인지 우리 부부의 상기된 얼굴은 좀처럼 가라앉지 않았다. 약속이라도 한 듯 거실에 나가 아내와 나란히 소파에 앉았다. 티브이에서 장사익의 애끓는 노랫가락이 분수처럼 흘러나와 우리를 차분히 감싸 주었다. 이제 죽음을 두려워하거나 삶의 자투리에 미련을 둘 일이 아니다. 죽음은 이미 내 곁에 와 있으니 언제 함께하자고 할지 모른다. 어느 지인의 말처럼 죽음이 언제든 어깨동무를 하자고 손을 내밀면 미련 없이 흔쾌하게 길을 나서야 한다. 그까짓 쓰고 남은 유산 몇 푼을 어떻게 처리할 것인가의 문제가 아니다.

시민 단체에서 운영하고 있는 '사전의료의향서' 실천 모임에 가입하고, 확인서와 함께 '남기는 글'을 봉투에 넣었다. 그리고 겉봉에는 다음과 같이 적었다.

"어미 · 아비가 이 봉투를 다시 볼 수 없게 되거든 너희 삼 남매가 모여 열어 보거라."

이튿날 새벽, 우리 부부는 며늘아기가 정성껏 차린 조반상을 물리고, 홀가분한 마음으로 여행길에 올랐다.

신화의 도시, 이스탄불

– 터키 여행기(1)

해가 뉘엿거릴 무렵 이스탄불 공항을 나섰다. 바람이 차갑다. 바다 밑으로 막 가라앉은 햇살이 해안을 곱게 물들이고, 퇴락한 성벽이 낡은 갑옷으로 무장한 병사들의 행렬처럼 해변의 반대쪽에 서 있다. 각양각색의 자동차들이 뒤섞여 더디 가지만 이국적인 낯선 정경에 지루하지 않았다.

이스탄불은 우리에게 친숙한 도시 이름이다. 처음에는 비잔티온이라고 했으나 동로마 제국-비잔틴 제국-의 수도가 되면서 황제의 도시라는 뜻으로 콘스탄티노폴리스라고 불렸다. 그 후 비잔틴 제국이 망하고 오스만 터키제국의 수도가 되면서 이스탄불로 바뀌었다. 터키 공화국이 수립될 때까지 1600여 년간 제국의 수도로 수많은 영광과 수난의 역사를 간직하고 있는 도시다. 터키는 옛날부터 지리적으로 동서의 문화가 만나는 중심 지역이었다. 남쪽의 마르마라 해에서 북쪽의 흑해를 연결해 주는 보스포루스 해가 젖줄처럼 늘어져 있다.

'보스포루스'라는 어원에는 제우스와 헤라의 사랑싸움에서 선의(?)의 피해를 입은 이오의 고생담이 담겨있다. 강의 신 이나코스의 딸, 이오는 제우스의 꾐에 빠져 사랑에 빠지고 만다. 어느 날 이오와 제우스가 사랑을 나누고 있는데 갑자기 제우스의 아내, 헤라가 나타났다. 당황한 제우스는 엉겁결에 이오를 암송아지로 변신시켜 버렸다. 이를 눈치챈 헤라는 제우스에게 암송아지를 자기에게 달라고 간청하여 수중에 넣는다. 암송아지가 된 이오는 헤라에게 갖은 구박과 고초를 받다가 제우스의 도움으로 천신만고 끝에 탈출하게 된다. 그러나 헤라의 집요한 복수는 계속되고, 이오는 도망자 신세를 면할 수 없었다. 해협을 건너고, 강을 건너고, 산을 넘었다. 이오는 나일강 가까지 쫓겨 갔다. 제우스는 사랑하는 애인을 위하여 사랑을 포기해야만 했다. 결국 이오와 단절하기로 약속하여 헤라의 노여움을 잠재우고서야 이오는 원래의 아름다운 모습으로 되돌아올 수 있었다. 그 후, 이오가 도망 중에 헤엄쳐서 건넌 바다를 '이오니아'해라고 하고, 횡단한 해협을 '소가 건넜다'는 의미를 가진 '보스포루스'라고 했다. 해협의 전체 길이는 30km이고 가장 넓은 곳의 폭이 3.5km, 좁은 곳은 700m에 불과하다. 그때 그 지명들이 신화를 더욱 현장감 있게 해 준다.

제국의 옛 수도에서 첫새벽을 맞이한다. 동이 트기도 전에 닭이 새벽을 알린다. 마치 옛날 시골집에서 듣던 소리다. 한 놈이 울어대니 옆집, 그 옆집 놈도 시샘하듯 목청을 높인다. 하도 반가워 창문을 활짝 열었다. 호텔 아래로 허름한 집들이 옹기종기 조용히 잠들어 있다. 밝은 달 밑으로 조각구름이 무늬를 그리며 지나간다. 저 멀리, 조명으로 장식된 이슬람 사원이 마을을 지켜보듯 높이 서 있다. 카메라에 망원렌즈를 장착하고 장면을 끌어당겨 본다. 뷰파인더에 떠오른 영상이 더 아름답다. 갑자기 예배 시각을 알리는 아잔 소리가 새벽 공기를 타고, 온 마을의 지붕 위로 흐른다. 낯선 광경에 처음 들어보는 소리지만 애잔하게 가슴을 파고든다.

처음 찾은 곳은 구시가지의 중심부에 있는 술탄 아흐메트 광장이다. 이 광장의 원래 이름은 경마장을 뜻하는 '히포드로모스'로, 비잔틴 제국과 오스만터키 제국의 역사에서 항상 중심에 있었던 곳이다. 규모 역시 대단했었지만, 지금은 그 형체조차 찾을 수 없다. 단지 오벨리스크라 불리는 거대한 첨탑과 몇 점의 유물들이 초라하게 남아 있을 뿐이다. 오벨리스크는 고대 이집트인들이 섬기는 태양신의 상징으로 세워진 끝이 뾰족한 탑 형식의 기념비인데, 주변 강대국들이 이집트를 침공하면서 전리품으로 빼앗아가 유럽 각지로 흩어지게 되었다. 당당했던 전승국들의 위세는 찾을 길이 없고, 이집트의 찬란했던 문화만이 흔적으로 남아 옛 영광을 다시 말해 주고 있는 듯하다.

옛날 로마 점령지역에서 히포드로모스는 황제나 개선장군의 환영 같은 중요한 국가행사를 치르거나 전차경주를 하는 장소로 주로 사용되다가 차츰 용도가 다양해졌다. 그 시대 가장 특징적인 것 중의 하나가 검투사 경기다. 전쟁포로나 흉악범을 검투사로 훈련시켜 서로 대결시키고, 때로는 맹수와 싸움을 벌여 어느 한쪽이 숨을 거둘 때까지 관중들은 그 장면을 보고 즐겼다. 너무 비인간적이기 때문인지 천 수백 년이 지난 지금에도 흥미진진한 이야깃거리로 전해지고 있다. 검투사들의 반란을 주제로 하여 제작한 영화 〈스파르타쿠스〉의 박진감 넘치는 경기 장면과 등장하는 인물들의 강렬한 인상은 아직까지 기억에 생생하다. 생사를 건 검투사들의 혈투는 이미 오래전에 사

라졌지만 열광하는 관중들의 열기가 눈에 보는 듯 선하다. 나는 그때의 함성을 귓가에 맴도는 환청으로 들으며 히포드로모스를 빠져나왔다.

성 소피아 대성당 정문 앞에 섰다. 현재 박물관으로 사용하고 있다. 우리가 학창 시절 교과서에 나오는 비잔틴 건축 양식의 전형으로 알려진 건축물이다. 원래 명칭은 '성스러운 지혜'라는 뜻을 가진 '아야 소피아'로 그리스 정교의 총본산이었다. 역사가들은 이 건물의 수난사가 이슬람과 기독교의 수난사이며 곧 터키의 역사라고 평가한다.

로마제국의 유스티니아누스 황제는 '하늘은 둥글고, 땅은 네

모나다.'는 그리스도교의 우주관을 담은 성당을 구상하고, 동서의 길이가 77미터, 남북 너비 72미터의 직사각형 기단 위에 하늘을 상징하는 타원형 돔을 얹어 외형을 만들고, 내부에는 교회의 통일을 보여주기 위해서 기둥이 없도록 설계하였다. 내 자신 공학도의 입장에서 관찰할 때, 당시 이러한 건축물을 설계할 수 있는 공학적 지식과 시공할 수 있었던 기술력에 놀라지 않을 수 없다. 내부 장식품도 황금으로 반짝이는 성화와 금은보화로 만들어 황제의 위력을 나타내고자 했다. 개장 첫날 황후와 나란히 입장한 유스티니아누스 황제는 눈앞에 펼쳐진 경이로운 광경에 자신도 모르게 "솔로몬이여, 내가 그대를 이겼노라!"라고 했다고 한다. 이렇듯 호화롭게 시작된 대성당은 1453년 비잔틴 제국을 멸망시킨 오스만 터키에 의하여 이슬람 사원으로 개조된다. 성당 건물 외부 네 방향에 이슬람 교회의 상징인 미너렛을 세우고, 내부는 이슬람에서 우상숭배로 여기는 성화들을 회반죽으로 덧칠하고 그 위에 이슬람 특유의 당초문양이나 쿠란 구절들로 채워버렸다. 역사의 비정함을 느끼는 현장이었다.

타우로스 산맥이 하늘 높이 위용을 드러낸다. 먼 옛날, 신화 시절에 제우스와 티폰이 치열한 결투를 벌였던 곳이며, 유프라테스 강과 티그리스 강이 시작된 곳이다. 그리스어로 '메소포타

미아'란 이 두 강 사이의 땅이란 뜻이다. 험난하고 높이 솟아있는 산맥은 외적의 침입을 막는 천혜의 방패막이 역할을 할 수도 있지만 사람의 왕래를 막고 문화를 단절시키기도 한다. 2300여 년 전 알렉산더 대왕은 이러한 통념을 깨고 3일 만에 산맥을 넘어 아나톨리아 지역을 평정함으로써 사람들과 문화를 소통시켰다. 근세에 나폴레옹이 알프스 산맥을 넘어 북부 이탈리아를 공략한 전법은 이미 이곳에서 그 유래를 찾을 수 있으니, 명장들의 전법은 세월이 흘러도 그 기본은 변하지 않는 듯하다.

그리스어로 '황소'란 뜻의 타우로스 산맥은 황소처럼 비스듬히 가로질러 누워, 지금까지 달려온 아나톨리아 고원과 앞으로 달려갈 지중해 지역을 갈라놓는다. 이 장벽을 기준으로 북쪽의 아나톨리아 지역은 영하 30도의 동절기와 50도의 더위가 기승을 부리지만 지중해에 접해있는 남쪽 지역은 겨울에도 영상의 온화한 기후를 유지한다. 나는 지금 해발 1200미터의 콘야 지역에서 해발 30미터의 안탈리아 지역으로 넘어가는 것이다. 버스는 해발 2000여 미터를 오르내리며 깎아지른 절벽과 산기슭 사이에 만든 구불구불한 길을 따라 숨을 몰아쉬듯 힘겹게 올라가고 있다. 얼마를 올랐을까. 버스의 엔진 소리가 부드러워졌다. 아마 이제부터 내리막길에 들어선 모양이다.

위스퀴타르의 연가

– 터키 여행기(2)

에페서 유적지에 도착했다. 아침부터 내린 이슬비가 수천 년을 함축한 유적을 말끔히 씻겨주어 그런대로 산뜻했다. 들어서자 에페서의 간략한 역사를 소개한 한글 안내판이 우리를 맞이한다. 발밑의 모든 것 하나하나가 유적이고 역사다. 땅속에 묻혀있던 수도관이며 몇 번의 왕조를 거치면서 파괴되고 복원된 건축 · 문화 유적들이 폐허처럼 널려있다. 입구에서 챙겨온 안내도를 보며 조심스럽게 발길을 옮겼다.

에페서는 에게 해로 흘러 들어가는 강어귀에 위치하여 신석기 시대부터 사람들이 살기 시작한 곳이다. 그러나 주변의 강으로부터 흘러들어온 토사가 해안을 메우고, 여러 차례 겪었던 전란과 대지진으로 도시의 대부분이 파괴되고, 지하에 묻혀 10세기에 들어서는 완전히 잊힌 도시가 되고 말았다. 당시의 문화유적을 150여 년 전부터 발굴을 시작했으나 현재까지 15퍼센트 정도 진행되어 그중 일부를 공개하고 있다니 도시 규모가 얼마나 방대하였던가를 짐작하게 한다.

에페서 지역은 아르테미스 신앙의 중심지였다. 그리스 신화에 등장하는 수렵의 여신 아르테미스와는 다른 이미지를 가진 아르테미스 신이다. 그리스 신화의 아르테미스는 아름답고 낭만적인 숲의 여신이었으면서도, 한편으로 자신의 나체를 잠시 훔쳐 본 젊은 악티온을 사슴으로 변신시켜버린 무서운 여신이었다. 반면에 에페서의 아르테미스는 풍요의 여신이었다. 머리에는 무겁고 근엄한 왕관을 쓰고 가슴에는 풍요와 다산을 상징하여 24개의 젖가슴을 달고 있다. 몸체는 기둥처럼 생긴 통바지 위에 황소, 사자, 사슴, 꿀벌 등이 조각되어 있다. 이러한 신앙의 염원이 '아르테미스 신앙'으로 발전되어 '성모 마리아' 신앙으로 이어진다. 에페서는 어머니의 땅 위에 이룩한 어머니의 풍요로움과 포용을 가진 도시였다.

그뿐만 아니다. 에페서는 '불이 만물의 근원'이라고 주장한 헤라클레이토스와 최초의 견유학파로 알려진 히포낙스 같은 철학자들이 활동했던 곳이며, 사도 바울로가 이곳 사람들에게 보낸 '에페소서'의 대상지역, 예수께서 승천하신 뒤 사도 요한이 예수의 어머니 마리아를 모시고 찾아온 곳, 사도 루가의 무덤이 있으며, 사도 요한이 '요한복음'과 '요한계시록'을 썼던 곳으로 종교와 철학과 인간의 흥망성쇠가 무엇을 의미하는지 숙연히 생각하게 하는 땅이다.

유적지의 북문을 나왔다. 너무 많은 것을 보고 생각할 겨를도 없이 공항으로 가는 버스에 올랐다. 이즈미르 공항을 출발하여 1시간여 만에 이스탄불에 다시 돌아왔다. 석양에 비친 성 소피아 성당과 블루모스크 앞길을 질러 숙소에 들었다. 먼 여행을 마치고 고향에 돌아온 기분이다.

톱카프 궁전은 오스만 제국의 술탄이 거주하던 궁전이다. 궁전의 정문 격인 제국의 문 호마윤에 들어서면, 녹색의 잔디밭에 큼직한 나무들로 둘러싸인 예니체리 정원이다. 예니체리는 오스만제국 초창기에 귀족 계급을 견제하기 위해 술탄이 창설한 비 이슬람, 비 터키인들로 구성한 특수 군대를 말한다. 그러나 술탄이 자신의 권력을 유지하기 위하여 조직한 예니체리가 세월이 흐르면서 점차 막강한 세력으로 성장하더니, 마침내 술탄을 위협하고 바꾸기까지 하는 지경에 이르게 된다. 결국 마흐무드 2세는 1826년 히포드로모스에서 이들 전원을 참수하고 만다. 문고리 권력이 문을 열고 들어가 옥좌를 차지하려다가 형장의 이슬로 사라진 역사의 해프닝이었다.

두 번째 문이 밥 셀람이다. 말을 타고 이 문을 통과할 수 있는 사람은 오직 술탄뿐이었다. 다른 사람들은 모두 말에서 내려 경의를 표하고 통과할 수 있었기 때문에 문의 이름도 '예절의 문'이란 뜻의 '밥 셀람'이다. 이 문 바로 바깥쪽에 있는 조그마한 샘을 '망나니의 샘'이라고 한다. 죄수들을 참수한 뒤에 칼을 씻던 곳이다. 참수된 죄수들의 머리는 일반 사람들이 볼 수 있도록 밥 셀람 문 위에 효수하였단다. 10여 분 거리에 있는 히포드로모스에서 참수당한 예니체리들의 머리도 저 예절의 문 어딘가에 걸렸을 것이다. 그 광경을 보고 일반 국민들은 예절을 지켜 술탄에게 고분고분했을까. 실소를 머금으며 걷다가 반대편에서 떼 지어 오는 학생들을 만났다. 현장 학습을 나온 터키 학생들이었다. 청소년은 국적에 관계없이 언제 어디서 만나도 밝고 거침이 없다.

우리말 구중궁궐의 사전적인 뜻은, 겹겹이 문으로 막은 깊은 궁궐이라는 뜻으로 임금이 있는 대궐 안을 이르는 말이지만 먼저 떠오르는 것은 폐쇄된 공간에서 임금과 임금의 여인들 사이에서 일어난 은밀한 사연이라면 나만의 난센스일까. 이슬람의 하렘은 '금지의 장소'라는 뜻으로 술탄의 여자들이 살던 궁전의 가장 은밀한 공간이었다. 나는 하렘의 규모보다 그 안에서 생활하였던 사람들에 더 관심이 쏠렸다. 하렘의 여인을 구해오던 채홍사 역할을 하는 사람도 있었을 것이고, 내시나 상궁에 해당하는 사람들도 있었을 것이다. 조선의 내명부와는 달리 술탄과 수많은 하렘의 여인들 사이에는 언제나 술탄의 어머니가 있었다. 인간적으로 타락할 수도 있는 술탄의 욕정을 그의 어머니가 조정하도록 제도적으로 장치한 것이 조선 시대의 궁중과 다른 점이라고나 할까. 하렘 안의 모든 여인들에게는 절대적인 존재였던 술탄의 어머니는 무소불위 권력이 자칫 여인에게 집착하여 패망의 길을 걷게 한 역사를 거울 삼아 철저히 관리한 것으로 여겨졌다.

실크로드를 따라 낙타 등에 실려 온 동양의 진기한 물건들이 유럽의 부와 교환되던 터키어 최대 전통 시장, 그랜드 바자르 골목을 빠져나와 차에 올랐다. 이스탄불 구시가지를 감싸고 있으면서 비잔틴제국의 1000년을 지켜온 테오도시우스 성벽으로 향했다. 해안으로부터 오는 적을 방어하기 위해 축성된 난공불

락의 요새로 이스탄불을 점령했던 오스만 제국의 병사들도 이 성벽만은 돌파하지 못하고 우회하여 수도로 입성했다고 한다. 그러나 오랜 세월이 흐르면서 성벽 사이로 길을 만들고, 어느 곳은 허물어져 원래의 모습이 많이 훼손되었다. 옛 도읍지는 정복자가 바뀔 때마다 새로운 가치를 만들고 지워졌지만 그래도 그 흔적만은 아직까지 남아 역사의 흥망성쇠를 말해준다.

골든 혼만을 오른쪽에 두고 달리다가 에윱 선착장을 지나 자그마한 산 아래 주차장에서 케이블카로 바꾸어 탔다. 한숨 돌릴 사이도 없이 케이블카는 산 중턱에 우리 일행을 내려놓았다. 언덕배기 좁다란 골목 길 양편으로 기념품 상들이 이어져 있고, 그 끝자락 나무 그늘 밑에 간이 찻집이 있다. 차이를 한 잔 마시며 그간의 여정을 돌이켜본다.

골든 혼만을 중심으로 이스탄불의 구시가지와 신시가지가 차분히 펼쳐 있다. 그 너머에는 마르마라 해와 연결된 에게 해와 흑해가 연결되어 있고, 건너편 아시아 지역에 위스퀴다르 항구가 있다. 항구는 희망찬 출발과 만남의 상징이기도 하지만 이별과 슬픔이 함께하기도 한다.

위스퀴다르 항구는 한국 전쟁에 참전한 터키 병사들이 출발했던 항구다. 이역만리 타국 땅으로 떠나는 연인을 향하여 손을 흔들며 부르던 노래, 이 항구의 이름과 같은 대중가요가 있다. 우리에게 잘 알려진 노래다. 어린 시절, 나는 뜻도 모르고 가끔 흥얼거렸던 기억이 난다. 한 소녀가 손수건에 사랑을 담아 떠나가려는 임이 가는 길에 내려놓는다는 내용의 대중가요란다. 어찌 보면 꽃을 "아름 따다 가실 길에 뿌리우리라"는 우리네 정서와 비슷하지 않은가.

신화가 살아 숨쉬고, 철학과 종교가 있는 나라, 동·서를 아우르고 새로운 문화를 만들어 낸 나라, 그리고 빨간색 바탕에 초승달과 별이 상징하는 이슬람의 나라, 그러나 사랑과 열정이 가득한 나라, 터키.

나는 갑자기 옛 친구의 따뜻한 전송을 받으며 이 항구를 떠나는 착각에 빠졌다. 어디선가 들려오는 소녀의 가냘픈 목소리, 위스퀴다르 연가를 들으며.

단상

우포 늪

색즉시공

덕유산의 해돋이와 주목

푼힐의 황금 햇살

나마스테

히말라야 트래킹 길에

| 단상 |

우포 늪

'천지를 제외하면 반도에서 가장 큰 우포'에 먼동이 튼다.

먼 옛날, 조물주가 이 땅을 지으시면서, 숨구멍처럼 비워 놓은 곳, 온갖 미물이 태동하더니 나무가 되고, 공룡이 되고, 드디어 사람이 되었다.

늪 언저리에 발 담그고 서 있는 물풀 사이로 물방개 몇 마리 부지런히 드나든다.

우포의 아침은 모든 것들이 함께하는 영원한 삶의 현장이다.

| 단상 |

색즉시공色卽是空

시원하게 쏟아지는 폭포수 앞에 선다.

삼각대를 옮겨 가며 장면을 잡는다. 구도를 잡고, 초점을 맞추고, 노출을 확인한다. 육안으로 보는 것보다 뷰파인더를 통해 보는 장면이 더 아름답다. 이것 또한 카메라를 가까이하는 즐거움 중의 하나다.

작업실에 앉자마자 화면을 자르고, 색조를 조절하고, 필터효과를 넣는다. 다시 지우고 같은 작업을 몇 번이고 계속한다. 드디어 포샵질을 마무리하고 출력해 보았더니 내가 분명 보았던 폭포수가 빛으로 변해 있다.

아! 폭포수는 내 인식의 변화를 실행하는 도구에 따라 빛이 되기도 하고, 암흑이 될 수도 있으며, 하얀 공백이 될 수도 있겠구나.

'모든 존재는 인연에 따라 만들어진 것' 세상에 변하지 않는 것이 어디 있으랴. 언젠가는 저 물길도 사라지고 오늘의 흔적 마저 지워져버릴 수 있을 테니까.

| 단상 |

덕유산의 해돋이와 주목

사람은 태어나 살다가 늙고 병들어 생을 마감한다. 흔히 생生은 시작이며 축복이고, 노老는 추하고 소멸의 단계로 가는 과정으로 생각한다. 그러나 덕유산의 주목은 '살아 1000년, 죽어 1000년'을 노소동락老少同樂하듯 서로의 역할을 지켜주며 함께 살아간다.

생生하여 소멸로 가는 소모적 과정이 아니라 나름으로 환경에 적응해 가며 자기 역할에 만족하고, 천명을 받아들인다. 청춘의 주목은 종족을 이어나갈 유년을 뿌리고, 장년의 주목은 억센 비바람과 폭설로부터 유년의 주목을 지켜준다.

노년의 주목은 넉넉함으로 산짐승들의 안식처를 자처하고, 온갖 산 식구들의 희로애락을 안아준다. 유목幼木에서 노목老木에 이르기까지 자부심과 역할이 있을 뿐 소멸은 없다. 삼라만상이 염념생멸念念生滅하는 데도 면면히 이어지는 것은 아마도 이러한 연유에서이리라.

덕유산의 해돋이에 실루엣으로 비친 주목이 더없이 아름답게 돋보인다.

| 단상 |

푼힐의 황금 햇살

어둠이 채 가시기 전에 숙소를 출발했다. 숲을 지나올 때만 해도 잠잠하던 바람이 푼힐 전망대에 가까워질수록 거세진다. 눈발이 날리는가 했더니 주변 나무에 얹혀있던 눈이 날아온 것이다.

시야가 어둠에 조금씩 적응되어 갔지만 방향을 가늠할 수가 없다. 한쪽 하늘 끝에서 육감적으로 여명의 씨앗을 느낀다. 얼어붙은 손으로 카메라 삼각대를 설치하고 방향을 잡는다.

여명의 씨앗은 검붉은 빛으로 태동하듯 머뭇거리다가 강물에 물감을 풀어놓은 듯 순식간에 오렌지 빛깔로 펴진다. 안나푸르나 남봉, 다울라기리에 이어 연봉들이 서서히 모습을 드러낸다. 태양은 미처 떠오르지 못하고 히말라야의 장벽에 기대어 숨을 고르고 있나 보다.

신비로운 기운이 점점 하늘을 덮는다. 드디어 여명을 헤치고 장엄하게 태양이 솟아오르고 있다.

| 단상 |

나마스테

네팔 사람들의 하루는 신께 바치는 기도로 시작하여 기도로 끝을 맺는다. 자기의 종교에 정성을 다하면서 다른 사람의 종교에도 너그럽다. 시바 신을 섬기는 곳에 가면 시바 신을 모시고, 부처가 계시는 곳에 가면 부처님께 경배한다.

인사말도 특이하다. 이곳 사람들이 주고받는 '나마스테'라는 말은 자기가 모시는 신이 상대방의 신께 인사드린다는 뜻이다.

보드나트 사원의 4각 첨탑 둘레에 그려진 부처님 상에는 눈만 있고 입이 보이지 않는다. 볼 수만 있고, 말하지 않는다는 것은 무엇을 의미하는 것일까. 보고, 듣고, 생각하되 진리는 말로 표현할 수 없다는 것일까?

상대의 신에 먼저 인사를 드리고, 사려 깊은 명상으로 말을 아끼는 사람들, 그들은 비록 통계적으로 가늠할 때 경제적 후진국에 속할지 모르지만 세계가 인정한 행복지수 선두권의 국가다.

넉넉함을 알고 만족하면 욕되지 않는다는 삶의 지혜를 다시 한 번 생각해 본다.

"나마스테! 저의 신이 당신의 신께 인사드립니다."

| 단상 |

히말라야 트래킹 길에

끝없이 이어진 회색 빛 길을 걷다가 눈을 들면, 설산이 푸른 하늘 아래 환한 미소로 길손을 맞이한다. 수십 마리, 어느 때는 수백 마리의 양 떼를 몰고 먹이를 찾아가는 목부, 버거운 짐을 등에 지고 숙명처럼 걷는 나귀들, 생명이라고는 찾을 수 없을 것만 같은 메마른 산과 들, 그러나 고개를 넘으니 강줄기가 있고, 마을이 있다. 마을 어귀에는 복실강아지가 먼저 나와 반긴다. 조물주는 하늘과 땅 사이를 최대한 조화롭게 가꾸고 계시는 것 같다.

많은 장면들을 머릿속에 간직하고 산간의 오두막 숙소에서 하루 밤 신세를 진다. 꼬마전구에 난방은 고사하고, 바람막이조차 허술한 시설이다. 따뜻한 물을 채운 수통을 품고 잠자리에 든다. 하루가 재생되어 종일 보고 느꼈던 감동이 잔상으로 남아 눈앞에서 어른거린다. 코끝을 자극하는 상쾌한 산간의 기운이 지친 몸에 활력을 되찾아주는 것 같다. 세상에 어느 잠자리가 이보다 더한 서비스를 해줄 수 있을까.

지정된 시간이 되자 꼬마전등마저 나간다. 엉성한 창문 너머로 밤하늘의 별들이 부지런히 속삭인다. 그 가운데 몇 개는 왕방울만큼 크게 반짝이며 금방이라도 창문으로 다가와 말을 걸어올 것만 같다.

■ 작품해설

자연 해설가로서 신규의 삶과 수필세계

박양근(문학평론가, 부경대 교수)

■ 작품해설

자연 해설가로서 신규의 삶과 수필세계

박양근(문학평론가, 부경대 교수)

수필가 신규에게 자연은 심리적 고향으로 자리한다. 자연은 단순히 여유롭게 감상하는 풍경이라기보다는 삶을 발전시켜 나가는 감성적 공간이다. 그의 삶을 재는 척도는 시간일지라도 매일 인식하는 공간은 살고 있는 집이 아니라 상상과 이미지를 생산해내는 자연이다. 나아가 그의 또 다른 인식의 공간은 수필임을 말할 필요가 없다.

신규의 수필에서 공간애의 대상은 자연이다. 자연을 그에게 바슐라르가 말한 '행복한 공간'과 전원주의자들이 말하는 '치유의 공간'이고 행복과 평온함을 주는 공간이다. 자연의 해설가로서 신규는 산과 나무와 숲과 계곡을 수필의 소재로 삼는다.

산은 자연과의 대화가 어떻게 이루어지는가를 가르쳐주는 대표적인 자연으로서 작가의 문학세계를 살필 수 있는 등불 역할도 한다.

2009년 ≪수필과비평≫에서 등단한 신규는 사진작가이고 숲 해설가이고 교육자이다. 그는 자연이 지닌 빛과 색깔을 누구보다 체험적으로 이해함으로써 남다른 상상과 감수성을 수필에 담을 수 있다. 숲을 기축으로 자연물을 교감의 대상으로 삼는 그의 사유세계에서는 자연과 문학이 한결 자연스럽게 어울린다. 그리하여 첫 수필집『시작과 끝의 의미』에는 자연의 빛과 색깔이 주는 이미지와 자연이 가르쳐주는 희생 모성 공경이라는 주제가 함께 어울려있다. 이것이 그의 수필이 지닌 특징 중의 하나라고 하겠다.

> 나무숲에서 사람이 살고 사람 속에서 나무가 산다. 어떤 나무는 살아서 천년, 죽어서 천년을 산다고 한다. 나무가 잘 살 수 있도록 가꾸고 보호하는 일, 그것은 결국 인간의 삶을 풍요롭게 가꾸는 일이 아닐까.
>
> – 〈나무 생명〉 일부

신규는 실천적 자연주의자이다. 그의 인간론과 자연론은 나무숲에서 이루어진다. 숲을 보호하면 인간의 삶이 풍요로워진다는 그의 견해는 숲 해설가라는 직분에 의해 더욱 믿음이 간다. 교육자로서 퇴직한 후에도 자연과 동반자적 관계를 이루어 가고 있으므로 직장, 가족, 취미, 교육관조차 자연의 가르침을 바탕으로 한다. 그것이 그의 작품을 보다 깊게 이해할 수 있는 근거이고 작품을 정독한 후에 독자들이 갖는 결론이기도 하다.

1. 잊힌, 되새겨지는 자연

사람은 흙에서 태어나 흙으로 돌아간다. 이것은 자연에서 태어나 자연으로 돌아간다는 의미와 같다. 산이 바위가 되고 흙이 되었다가 다시 바위가 되고 산이 된다. 나무도 마찬가지다. 자연이 보여주는 본성이 순환성과 불멸성이므로 신규는 자연을 문학적 영감을 얻는 인생의 현장으로 삼는다. 자연에 대한 그의 인식은 계절마다 달라지는데 갖가지 풍경을 대할 때마다 자연이 지닌 겸허한 인품을 배운다. 자연이 침묵 속에서도 진정한 생의 가치가 무엇인가를 가르쳐 준다는 것이다.

인간과 자연과의 관계는 오래전부터 대립적이었다. 자연이 인간을 지켜줌에도 인간은 자연을 파괴하고 이용하기에 급급

하였다. 그 갈등과 충돌을 조장하는 인간의 근시안적인 이기심을 고발하는 것이 생태주의 문학이다. 신규는 생태주의 이론가가 아니라 숲 해설가이므로 자신이 체득한 자연의 소중함을 독자에게 일깨워주고 있다.

> 자연과 현대 과학 문명을 생각해 본다. 개발은 진정 인간을 편리하게만 하는 것일까. 황량한 광석 무더기 속에서 꽃밭을 가꾸던 손길도 생각해 본다. 나는 지금 쉴 새 없이 변하고 있는 문명에 실려 어디론가 가고 있지만, 감을 잡을 수가 없다. 뒤돌아볼 짬도 없이, 너무나 많은 것들을 잊고 앞만 보고 달려온 것은 아닌지. 더 늦기 전에 옛 고향 동네나 한 번 다녀와야겠다.
>
> — 〈잊혀가는 것들〉 일부

작가가 즐겨 찾아가는 곳은 도시에서 멀리 떨어진 자연부락과 계곡이다. 그곳은 고향에 갔을 때처럼 도시생활에서 쌓여진 갖가지 더러운 것들을 씻어준다. 물소리를 듣고 밭작물을 바라보고 이끼 낀 바위를 쓰다듬는 동안 '인간은 우주 만물의 미미한 존재'라는 사실을 깨닫는다. 자연이 사람이 배워야 할 스승이라는 새로운 깨침을 수필을 통해 일상생활에 접목시키고 있다.

진정한 삶의 의미는 무엇이며, 그 끝과 시작은 어디인가도 생각해 봅니다. 인간의 죽음이 삶의 끝인지, 알지 못할 또 다른 세계로의 시작인지는 아무도 모릅니다. 죽음은 어쩌면 끝이 아니라 시작일지도 모른다는 생각이 언뜻 스쳐갑니다. 돌고 도는 윤회의 의미도 새겨 봅니다.

– 〈시작과 끝의 의미〉 일부

〈시작과 끝의 의미〉에서 작가는 인간의 삶에는 시작과 끝이 있다는 사실을 새롭게 생각한다. 사람이 지닌 궁극적 질문은 '죽음이 삶의 끝인지 아니면 또 다른 세계로의 시작인지'에 있다. 분명한 점은 개인의 죽음은 우주가 지닌 거대한 윤회의 한 고리라는 사실이다. 이렇게 삶을 이해할 때 진정한 생명이 얻어진다고 작가는 믿는다. 보통의 경우, 사람들은 종교에 귀의하지만 신규는 숲과 산으로 찾아든다. 그 점에서 신규가 산을 오르내리는 일정은 육체적 활동이 아니라 실존을 확인하는 심리적 순례이다.

자연을 통한 사색은 나무, 낙엽, 산새, 꽃과의 만남으로 구체화된다. 산책에서 접하는 자연물을 세세하게 그려낸 〈아침 산책길〉, 두루봉 동굴 탐사에서 발견한 꽃의 화석에서 고대인들의 장례 풍습을 유추하는 〈꽃을 사랑하는 사람들〉, 한라산의 설경에 도취되어 넘어진 낙상 사고를 전해주는 〈한라산〉 등은 자연을 체험적으로 맞이하려는 작가의 노력을 그려낸다. 그의 기행수필이 산행수필이 되는 근거를 보여주는 예라고 하겠다.

신규는 웅대한 자연을 예찬하지 않는다. 그것보다는 따뜻하고 정감이 넘치는 문체로 조그마한 자연물이 지닌 서정적 치유력을 강조한다. 〈낙숫물 소리〉는 소리의 미학을 한껏 발휘한 수작이다. 장마철 빗소리를 산사의 기와집과 자취방의 양철집과 초가집의 추녀로 구분하여 표현한다. 산사의 용마루에서 떨어지는 낙숫물을 스님의 독경으로, 초가집 추녀의 낙숫물을 '호롱불을 가운데 두고 식구들이 도란도란 나누는 이야기'로, 양철집 지붕의 낙숫물을 '신명나게 난타하는 사물놀이 한마당'으로 묘사한다. 이 작품은 자연의 소리를 듣고 분석해내는 작가의 감수성을 보여주기에 충분하리만큼 서정적 이미지로 둘러싸여 있다.

작가의 자연론을 읽을수록 이성과 감성의 조화를 확인할 수 있다. 산이 지니는 육중한 의미와 지붕에서 떨어지는 낙숫물의 이미지를 함께 느끼는 것은 쉬운 일이 아니다. "마르지 않는 감성과 훈훈한 정"으로 지켜볼 때만 가능하다. 자연이 인간을 창조하고 인간이 문화를 창조한다고 흔히 말한다. 그렇다면 문화와 문명도 자연에서 비롯한다. 작가는 이 사실을 잊지 말아야 한다고 말하면서 숲의 해설자이자 기록자로서 '자연을 배우자'라고 권하는 것이다.

2. 작가로서 신규의 자연 해석

신규의 자연은 인생을 새롭게 해석하는 공간이므로 우주를 명상하는 길목이기도 하다. 우주로 나아가는 길은 작가에게 인간이 얼마나 미미한 존재인가를 깨닫게 해주는 회귀의 길이 된다. 작가는 산이든 들판이든, 등산을 하든 산책을 하든, 대면하는 장소에서 우주와 '나'를 대비시킨다.

> 우주의 크기를 어림잡다 보니 포근하게 나를 감싸고 있던 '자연'이 사라지고 황량한 우주 앞에서 한없이 왜소해진 '나'를 본다. 찬란하게 빛나던 태양이, 부푼 꿈과 희망을 안겨 주던 푸른 바다가 아득히 먼 우주 속의 점으로 축소되어 '나' 자신을 찾을 길이 없다.
>
> — 〈이카로스와 소요유逍遙遊〉 일부

이카로스는 하늘을 날다 바다에 떨어진 그리스 신화 속의 인물이다. 소요유는 유유자적한 동양의 선인인 장자의 인격을 대표하는 낱말이다. 동양과 서양의 관점을 융합시킨 작가는 그의 의식을 우주계로 확장시킨다. "대자연에서 마음의 자유를 만끽하며 무한한 시공을 품 안에 안는" 정신세계가 반영된 작품이 〈인생 삼모작〉이다. 삼모작은 직장인의 은퇴 생활을 설명하는 용어로서 여생이 4만 여 시간이 남았다고 계산하는 작가는 노후를 보낼 여러 방법을 강구한다. 다른 사람들처럼 봉사, 취미, 공부가 있겠지만 현재 누리는 삶이 주변 사람들의 덕분이라 여기는 그는 여생에 대한 해답을 자연에서 찾으려 한다.

그에게 자연은 우주와 인생을 함께 생각할 수 있는 매체이다. 〈인생 삼모작〉에서 생각하는 인생론은 〈시작과 끝의 의미〉에서 우주를 기반으로 한 인간관으로 나타난다. 그의 우주론과 인간관은 역사, 문학, 교육 등 인문분야에 걸쳐 있다. 이런 분야는 그의 사유 세계를 구체화해주는 영역이다. 파슈파티나트 사원으로 향하는 도중에 네팔인들의 소박한 삶과 화장 의식을 목격한 그는 빈부귀천을 떠나 모든 인간이 한 줌의 재가 된다는 인간론을 배운다. 16일간의 트레킹은 '육신을 떠난 영혼과 영혼을 떠난 육신'이 무엇인가를 성찰하는 순례가 된다. 독자들도 그의 글을 읽는 동안 자신의 삶을 재발견한다. 작가가 독자에게 설명하는 삶의 본질은 윤회이다.

> 물이 하늘에 올라 구름이 되고, 구름이 비가 되어 물로 돌아오듯이, 사람들은 죽음도 단지 삼생의 모습을 바꾸는 그쯤으로 알고 있는 것일까. 그래서 조용히 흐르는 강물처럼 담담하게 죽음을 맞이하는 것인지도 모른다. …나는 강 건너 저편에서 무성영화처럼 소리 없이 움직이고 있는 화장 광경을 뒤로하고 발길을 돌렸다.
>
> – 〈바그마티 강변에서〉 일부

〈바그마티 강변에서〉는 작가가 인생과 자연과 우주의 원리가 순환임을 발견한 내용을 담고 있다. 구름과 비와 강물의 본질이 물의 윤회라는 사실을 화장 장면에서 발견한 신규는 자연의 해석자로서의 모습을 유감없이 보여주고 있다.

동일한 감회가 김삿갓 유적지에서도 나타난다. 유랑시인의 생가를 찾아간 그가 깨우치는 것도 업보의 순환이다. 폐족의 비애와 시니컬한 인생을 절묘하게 풍유한 김삿갓의 재능에 탄식하는 작가는 자연과 문학과 인간이 하나의 고리에 엮어져 있음을 믿을 수밖에 없다. 작가는 김삿갓의 어머니에게 문인을 키워낸 큰 나무 숲이라는 헌사를 바친다.

> 나는 여인에 대한 연민의 정을 가슴 가득히 안고 산을 내려왔다. 가을산은 어머니이고, 그 품에서 붉게 타고 있는 만산홍엽은 자식들을 보듬은 어머니의 미소가 아닐까. 그러나 그 미소는 화려한 색깔 뒤에 숨은 슬픈 미소이며, 쓸쓸히 떠나는 어머니의 뒷모습이다.
>
> – 〈가을 산의 미소〉 일부

이것이 다른 여타 수필가의 작품과 다른 점이다. 숲은 새와 동물의 은신처이다. 자연의 숲은 어머니의 품과 모성적 애정이라는 상징성을 공유한다. 작가는 자연을 찾을 때마다 인간의 일화를 회상함으로써 인간과 자연을 동일시한다. 동일시된 모성의 본질은 희생과 헌신이다. 단풍조차 자연이 인간에게 베푸는 마지막 희생으로 정의된다. 조용히 떠나는 자연의 희생정신이 모성을 강조한다는 것이 신규가 자연을 인간사에 도입하여 풀어낸 해석인 것이다.

교육관과 자연을 일치시켜 '상선약수'라는 교육목표를 찾아낸 수필은 〈선암계곡에서〉이다. 교육 수필의 테마로서 상선약수는 물질화된 사회에서 살아가는 학생들의 정서를 자연을 통해 회복시켜야 한다는 점을 밝혀준다. 자신도 도덕경을 공부하고 '이상적인 선의 경지'를 깨닫으려는 노력을 소홀히 하지 않는다. '봉사하면서 낮은 자세로 살아가는 것'이 교육자로서의 즐거움이라고 말하는 시점에 다다르면 오랫동안 교직생활을 한 작가의 이력을 되돌아보게 된다.

사물을 인격체로 그려낸 대표작으로 〈명의를 기다리며〉가 있다. 명의의 치료가 필요한 것은 사람이 아니라 이제는 사용하기 어렵게 된 지팡이이다. 십여 년간 동고동락을 한 지팡이에 대한 아쉬움을 토로한다. "통성명, 이별주, 전우, 친구"는 지팡이에게 바치는 경어이며 "용기, 희생, 솔선수범"은 지팡이가 지닌 미덕을 나타낸 의인법이다.

> 나는 자네의 날렵한 몸체가 자랑스럽고 온몸에 힘이 샘솟았지. 함께하는 날이 더해질수록 자네는 나에게 많은 것을 안겨주었네. 행여 산에 오를 마음이 약해질 때는 용기를 북돋아 주고, 위험한 경지에서는 침착함을 잃지 않도록 나를 지탱해 주었지. 말은 쉽게 앞세우면서도 실천하기 어려운 희생정신을 자네는 솔선수범으로 가르쳐주기도 했다네.
>
> – 〈명의를 기다리며〉의 일부

작가에게 나무와 지팡이는 동일한 존재이다. 나뭇가지로 만든 지팡이가 가르쳐 주는 것은 침묵과 희생의 봉사라는 미덕이다. 나무가 죽어서도 인간에게 바치는 헌신을 확인하면서 그것의 희생정신을 자신이 본받을 수 있는지를 자문한다. 자연물을 생활현장에 끌어와 독자에게 이 질문을 던진다. 그 질문만으로 충분하다. 하루하루의 행적은 나무가 가르쳐주는 진실을 실천하느냐의 여부에 달려있다. 해답은 독자 각자의 몫이라고 작가는 말하고 있다.

3. 인간 신규와 가족의식

신규에게 자연은 가정과 사회에서도 유의미하게 이루어진다. 그에게 가정과 사회라는 공간은 사람과의 만남이 이루어진 곳이 아니다. 그는 사랑과 인연이라는 고리로 가족 공동체를 엮어낸다. 가정생활과 교직생활과 사회생활에서 중요시하는 것은 공경의 마음을 자연에서 배워야 한다는 것이다. 그의 일상생활을 살펴보아도 베풀어 주는 모습을 쉽게 찾을 수 있다. 「내 인생의 사진틀」에서 신규는 사진술로서 자신의 생활을 설명한다. 그것은 카메라의 조리개이다. 팬 포커스가 전체 대상물을 선명하게 담아낸다면 아웃 포커스는 대상물에 초점을 맞춘다. 작가는 '현재의 나를 주제로 삼는 아웃 포커스 기법'이 자신의 삶을 설명하는 데 더 적절하다고 여긴다. 이것은 그가 이기적이라는 뜻이 아니라 자신에게 충실함으로써 더욱 자상하고 여유로운 행동을 보여줄 수 있다는 믿음에 바탕을 둔다.

가족애의 중심에 있는 사람은 아내이다. 아내와 함께 하는 여행과 산행을 즐기는 모습은 〈홀가분한 마음으로 여행길에〉와 〈덕유산 산장의 팡파르〉에서 거듭 나타난다. 전자는 회갑을 맞이하여 자식들이 마련해준 해외여행을 떠나면서 '미리 써보는 유서'를 작성한 일화를 중심으로 한다. 죽음을 가정하고 쓴 글이지만 유서에 담긴 진지성은 숲길에 들어섰을 때만큼 엄숙하다. 유서를 쓰고 읽는 두 사람의 얼굴도 스스로 놀랄 만큼 상기되어진다. 유서에 대한 그들의 반응은 앞으로 어떻게 살 것인가를 고스란히 보여준다.

> 이제 죽음을 두려워하거나 삶의 자투리에 미련을 둘 일이 아니다. 죽음은 이미 내 곁에 와 있으니 언제 함께하자고 할지 모른다. 어느 지인의 말처럼 죽음이 언제든 어깨동무를 하자고 손을 내밀면 미련 없이 흔쾌하게 길을 나서야 한다. 그까짓 쓰고

남은 유산 몇 푼을 어떻게 처리할 것인가의 문제가 아니다.

— 〈홀가분한 마음으로 여행길에〉 일부

죽음에 대한 생각은 사람을 진지하게 만든다. 지나온 과거를 반성하고 미래에 대하여 반성적 비전도 갖게 해 준다. 이것은 자연이 인간에게 베푸는 가르침과 동일하다. 아내의 회갑을 맞이하여 겨울 산행에 오른 일정이 〈덕유산 산장의 팡파르〉에 적혀있다. 대피소에서 촛불을 켜고 아내의 환갑을 축하하는 줄거리가 감동적이다. 남편으로서 작가의 마음은 "자신의 못된 성정으로 속을 태웠던 것에 대한 미안함과 자식을 건강하게 키워준 고마움"으로 묘사된다. 부부의 인생길은 울퉁불퉁한 덕유산 샛길로 상징된다. 작가는 산행과 인생길을 동일시하고 있다. 자연풍경을 삶에 응용하는 신규의 해석과 더불어 가족을 소중히 여기는 인간 신규의 모습에 주목해야 하는 이유가 여기에 있다.

작가는 가족의 애정을 회상할 때도 자연물을 빌려온다. 〈구운 돌과 손난로〉는 모성의 아름다움을 독자와 공유하려는 글이다. 겨울 산행 때 사용하다가 문갑서랍에 넣어두었던 손난로를 꺼내어 윤기 나게 닦으면서 구운 돌을 떠올린다. 하얀 눈이 들판에 가득하고 겨울바람이 매서운 날 밥 짓는 아궁이에서 따뜻하게 달구어낸 돌은 어머니의 자식사랑을 상징한다. 추녀에서 떨어지는 낙숫물과 함께 애틋한 모정이 담긴 구운 돌은 작가가 지니고 있는 서정적 감수성을 한껏 보여주고 있다고 평할 수 있다.

세배를 나누는 설날 아침을 그려낸 〈행복한 인생〉은 가족들과 행복하게 살아가는 평범한 모습을 담고 있다. 그는 진정한 행복이 무엇인가를 다음과 같이 설명한다.

> 행복한 가정이란 결국 가족구성원 간의 인간관계가 기본이 되는 것 같다. 서로 공경하며, 사랑이 가득한 집에서, 각자 소중한 꿈을 꾸는, 부지런하고 검소한 가정. 굳이 하나를 더한다면 이웃을 생각하며 함께할 수 있는 마음을 가지도록 어른들이 솔선수범하는 정도일 것이다.
>
> – 〈행복한 인생〉 일부

사회는 가정을 기본 단위로 한다. 가정이 끈끈한 정으로 이루어지면 사회가 건강하게 유지될 수 있다. 이것이 중요하다고 여기는 작가는 집안에서 일어난 소소한 일화를 소개하는 것을 주저하지 않는다. 〈세뱃돈〉은 그 점에서 〈행복한 인생〉과 짝을 이룬다. 명절날 잃어버렸던 세뱃돈을 침대 밑에서 찾은 다음 다시 받았던 세뱃돈을 돌려주는 손주의 일화는 '염치를 알고 마음을 절제할 수 있는 품성'이 사회생활에서 얼마나 중요한가를 일러준다. 그러므로 이 작품은 손자를 자랑하는 생활수필이면서 염치가 무엇인가를 일러주는 교육수필이기도 하다.

신규의 생활은 항상 자연의 가르침을 따르고 있다. 숲은 제자리에서 성장하는 나무가 모인 자연의 일부이다. 시간이 지날수록 숲의 규모는 커지고 생태적 이치도 제대로 갖추어 간다. 세월이 지날수록 가족 규모가 점점 커져가는 원칙도 숲의 모습과 다를 바 없다. 작가는 산행과 여행을 하면서 얻은 자연의 가르침을 집에 돌아와 풀어 놓는다. 자연과 문학과 가족이라는 세 공간이 균형 있게 유지된다는 점에서 그의 '인생 삼모작'은 매우 의미가 깊다.

작가 신규의 곁에서

신규 수필가는 ≪시작과 끝의 의미≫를 "미완의 여정에서 쉬어가며 나누는 뒷이야기"라고 '책머리'에서 밝힌다. 그의 말처럼 자연에 대한 진지한 성찰과 은퇴한 인생의 여유로움과 독자와 함께하려는 모습이 행간마다 묻어있다. 숲 해설가와 교육자로서의 직분도 작품에 담긴 사회성과 자연성을 탄탄하게 받쳐주는 소중한 이력이다.

그의 수필은 남다른 자연의 가르침을 담고 있다. 나아가 언제나 '옛것에서 새로움'을 찾으려는 작가로서의 자세가 그의 수필을 명상록으로 승화시켜준다. 그의 수필은 잊혀 가는 것을 되살리려는 마음의 결정체이므로 작품마다 정갈한 인격을 살필 수 있다.

≪시작과 끝의 의미≫의 작가는 '행복한 여행자'이다. 그는 자연을 미학적 공간으로 변화시키면서 인간사회를 소담스러운 작은 숲으로 가꾸려는 꿈을 갖고 있다. 그래서 독자는 작가의 필력과 연륜을 함께 들여다볼 수 있다. 그런 문학적 소통은 작가가 '오래된 친구에게 보내는 편지'처럼 진솔하게 삶을 표현하였기 때문이다. 자신의 수필을 독자의 이야기로 만드는 수필가만큼 우리에게 친밀한 작가가 누구인가. 오직 인생의 시작과 끝을 함께 이야기해주는 작가만이 그러할 것이다. 그가 신규 수필가이다.